SECONDE PARTIE

LA COULEUR

PAR

Mme MARIE-ÉLISABETH CAVÉ

MEMBRE DE L'ACADÉMIE DES BEAUX-ARTS D'AMSTERDAM

OUVRAGE APPROUVÉ PAR M. EUGÈNE DELACROIX

POUR APPRENDRE LA PEINTURE A L'HUILE ET A L'AQUARELLE

Voir, comprendre, se souvenir, c'est savoir.
RUBENS.

Troisième Édition.

PARIS

HENRI PLON, IMPRIMEUR-ÉDITEUR,

RUE GARANCIÈRE, 8;

ET CHEZ GIROUX, BOULEVARD DES CAPUCINES.

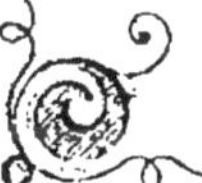

LA COULEUR

PARIS. — TYPOGRAPHIE DE HENRI PLON,
IMPRIMEUR DE L'EMPEREUR,
8, RUE GARANCIÈRE.

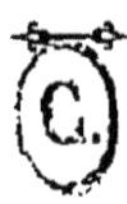

SECONDE PARTIE

LA COULEUR

PAR

Mme MARIE-ÉLISABETH CAVÉ

MEMBRE DE L'ACADÉMIE DES BEAUX-ARTS D'AMSTERDAM

OUVRAGE APPROUVÉ PAR M. EUGÈNE DELACROIX

POUR APPRENDRE LA PEINTURE A L'HUILE ET A L'AQUARELLE

Voir, comprendre, se souvenir, c'est savoir.
RUBENS.

Troisième Édition.

PARIS

HENRI PLON, IMPRIMEUR-ÉDITEUR,

RUE GARANCIÈRE, 8;

ET CHEZ GIROUX, BOULEVARD DES CAPUCINES.

COMMISSION

NOMMÉE

PAR S. E. LE MINISTRE DE L'INSTRUCTION PUBLIQUE

POUR EXAMINER LES RÉSULTATS OBTENUS

PAR LA MÉTHODE CAVÉ.

MEMBRES DE LA COMMISSION.

Président : M. Rouland, ❋, directeur général du personnel.

Vice-Président : M. Pillet, O. ❋, chef de division au ministère de l'instruction publique.

Peintres d'histoire :
- M. Eugène Delacroix, C. ❋, membre de l'Institut.
- M. Picot, O. ❋, membre de l'Institut.
- M. Belloc, ❋, directeur de l'École impériale et spéciale de dessin.

M. Landois, O. ❋, inspecteur de l'Académie de Paris.

M. Boilay, O. ❋, conseiller d'État.

M. Ritt, ❋, inspecteur général de l'enseignement primaire.

M. Rendu, ❋, inspecteur général de l'enseignement.

M. Duc, ❋, architecte.

M. Delacroix a été nommé rapporteur.

RAPPORT DE M. DELACROIX.

MONSIEUR LE MINISTRE,

La Commission nommée par Votre Excellence pour donner son avis sur la méthode de madame Cavé et sur la question de savoir si cette méthode peut être introduite dans les écoles, a l'honneur de présenter à Votre Excellence le résultat de l'examen auquel elle s'est livrée.

La marche incertaine de l'enseignement du dessin, le peu de fixité des principes qui y ont présidé jusqu'à ce jour, même depuis des époques reculées, ont depuis longtemps fait désirer une méthode plus sûre dans ses résultats et qui pût être appliquée indifféremment par tous les professeurs.

Toute démonstration est impossible dans les modes d'enseignement ordinaires : la manière différente dont les maîtres peuvent envisager l'enseignement et l'art lui-même devient la règle, très-variable, comme l'on peut penser, qui dirige les écoles. En admettant même que ces routes différentes puissent amener à un résultat à peu près commun, c'est-à-dire à une connaissance suffisante du dessin, il est facile de voir combien le rôle du maître devient important et combien il est nécessaire que ses talents particuliers le mettent en état de diriger l'élève au milieu de l'incertitude des règles.

La première difficulté d'un pareil enseignement consiste donc dans celle de rencontrer un assez grand nombre de professeurs doués des talents indispensables et résignés à des fonctions naturellement peu rétribuées.

La seconde, et peut-être la plus insurmontable difficulté, consiste dans l'impossibilité de se procurer de bons modèles. Ceux que l'on voit dans les écoles, produits de toutes les manières qui se sont succédé, choisis au hasard, dénués de correction ou de sentiment, ne peuvent que fausser le goût des élèves et rendre presque inutile la meilleure direction.

Le prédécesseur de Votre Excellence, M. Fortoul, avait été frappé, comme tous les bons esprits, d'une insuffisance si regrettable. Ayant eu connaissance des nouveaux résultats obtenus par la méthode de madame Cavé, il avait nommé, pour en examiner les procédés, une Commission dont la majorité ne se montra pas favorable à leur adoption, sans approuver toutefois l'ancien mode d'enseignement; dont les inconvénients avaient été presque unanimement reconnus. L'usage du calque, introduit par madame Cavé dans sa méthode, parut surtout provoquer les scrupules de la Commission, et il fut impossible à la plupart de ses membres d'y voir autre chose que la répétition machinale des modèles, dépourvue presque complétement de toute imitation intelligente et raisonnée.

De nouveaux succès de la méthode Cavé ont éveillé la sollicitude de Votre Excellence. Il lui semble aujourd'hui qu'en présence de résultats satisfaisants et soutenus, les procédés qui y sont employés pouvaient n'avoir pas été suffisamment compris. Il y a donc lieu de revenir sur une question si intéressante, et, pour éclairer davantage la Commission instituée à cet effet, il a été décidé que les éléments de la méthode lui seraient présentés et développés par une personne habituée à les pratiquer. M. d'Austrive, professeur de dessin par la méthode Cavé, a été chargé de ce soin, et, grâce à cette expérience, il est devenu facile d'émettre une opinion sur la méthode avec une pleine connaissance de ses avantages et de ses inconvénients.

La différence capitale de cette méthode avec celle qui l'ont précédée consiste en ceci : qu'il faut avant tout faire l'éducation de l'œil en lui donnant des moyens certains de redresser ses erreurs dans l'appréciation des longueurs ou des raccourcis.

Un calque transparent du modèle est mis dans les mains de l'élève, de manière qu'en l'appliquant sur son dessin de temps en temps, il puisse reconnaître lui-même ses fautes et les corriger. Cette correction incessante ne le dispense nullement de l'attention qu'il lui faut prêter à son original. Après quelques essais qui lui ont démontré à quel point son œil a pu le tromper, il augmente d'application pour éviter des fautes qui se montrent à lui avec un degré d'évidence que les simples conseils d'un maître ne pourraient atteindre. Son attention est encore soutenue par la nécessité où il va se trouver de répéter de mémoire ce premier essai ainsi rectifié.

Cette seconde opération, dans laquelle l'élève cherche à se rappeler le modèle absent, en retraçant de mémoire son premier essai, a pour but de graver plus complétement dans son esprit les rapports des lignes entre elles, et, quand, par une troisième opération, il doit copier de nouveau le modèle, et cette fois sans le secours du calque vérificateur, on sent qu'il doit apporter dans ce dernier travail une imitation plus intelligente.

Il a été remarqué effectivement, dans les essais soumis à la Commission, que ce troisième dessin présentait ordinairement les traces d'un sentiment plus vif et moins contenu par la nécessité de l'exactitude à laquelle l'élève avait été forcé dans son dessin exécuté avec l'aide du calque vérificateur.

Toute la méthode est dans ces trois opérations successives qu'on applique également au dessin d'après la bosse et à la délimitation des ombres. L'élève arrive ainsi, et par des moyens très-simples, à une appréciation très-juste des lois de la perspective dans la figure humaine, où l'on sait qu'elles sont d'une application bien plus difficile, impossible même, à réaliser d'une manière mathématique par les moyens que les anciennes méthodes ont employés.

Il paraît inutile d'entrer dans le détail des exercices destinés ultérieurement à familiariser l'élève avec le maniement du crayon et à obtenir la légèreté de la main concurremment avec la justesse de l'œil. Il suffit de faire reconnaître, à l'avantage de cette méthode, que non-seulement elle est d'un enseignement plus pratique que toute autre, mais qu'elle part d'une base certaine qu'aucune autre ne peut présenter.

Il est à propos de parler de l'influence que les modèles sont destinés à exercer sur les progrès des élèves. Ces modèles ne sont autre chose que les plus beaux échantillons des dessins des grands maîtres, ou des gravures exécutées d'après leurs tableaux. Quant à ceux qui sont pris de l'antique, ils sont dessinés d'après la bosse, au moyen de la vitre ou d'une gaze transparente qui permet de n'offrir à l'étude que des images tracées avec une exactitude de perspective rigoureuse.

La question relative au choix des professeurs n'est pas moins digne d'attention. Le calque mis entre les mains de l'élève, et destiné à lui donner une certitude complète de la justesse de sa copie, rend la tâche du professeur infiniment plus facile. Des personnes d'un talent secondaire, mais familiarisées seulement avec les procédés de la méthode, peuvent devenir de très-bons professeurs. Des élèves même peuvent en tenir lieu lorsqu'ils sont arrivés à une certaine facilité dans l'imitation des modèles.

C'est ce qu'on a vu se produire dans les deux écoles primaires où la méthode avait été appliquée et dont les dessins ont paru très-remarquables. Les directeurs de ces écoles n'avaient aucune notion du dessin. C'est dire assez qu'il en serait de même dans toutes les communes où la présence d'un professeur serait presque impossible. On peut juger aussi que les mêmes principes, suivis dans leur développement par des maîtres expérimentés, donneraient des résultats encore plus satisfaisants. L'enseignement du dessin prendrait sans doute, grâce à ces nouveaux procédés, une extension d'une utilité plus réelle au point de vue industriel. On sait combien de professions ont pour base le dessin : étendre les moyens d'instruction dans ce sens est donc un service réel rendu à la classe laborieuse. Les modèles, pouvant se multiplier facilement d'après toutes sortes d'objets pris sur la nature, augmenteraient le nombre des motifs employés dans l'ornement, dans les étoffes, dans les décorations de toute espèce, et présenteraient une variété et une pureté de formes qui tirerait l'industrie et les arts de la banalité des types conventionnels qui tendent à amener la décadence. Ce serait donc le moyen le plus assuré de conserver à notre nation cette supériorité de goût et d'élégance qui est une de ses premières gloires.

Telles sont les considérations qui résultent de l'examen de la méthode de madame Cavé.

La Commission en a jugé les principes utiles, et a l'honneur de les recommander à Votre Excellence.

Ce rapport a été approuvé et signé à l'unanimité dans la séance du 2 *décembre* 1861.

Par un arrêté en date du 19 février 1862, Son Excellence le Ministre de l'Instruction publique, sur le rapport de la Commission, a autorisé MM. les recteurs des académies de Douai et de Caen à faire l'application de la méthode Cavé dans les écoles normales de leur ressort.

M. Doudiet d'Austrive, professeur de la méthode Cavé, est chargé d'en faire la démonstration, et d'en suivre l'application dans les écoles dont il s'agit.

NOTE DE L'ÉDITEUR.

La *Revue des Deux Mondes*, le plus important de nos recueils, a publié un article de M. Eugène Delacroix, notre illustre peintre, sur le *Dessin*, par madame Marie-Élisabeth Cavé. Nous ne pouvons mieux faire que de le reproduire ici pour appeler l'attention publique sur la *Couleur*.

LE DESSIN

Par Mme Marie-Élisabeth CAVÉ.

« Voici la première méthode de dessin qui enseigne quelque chose. En publiant comme un essai le remarquable traité où elle développe avec un intérêt infini le fruit de ses observations sur l'enseignement du dessin et les procédés ingénieux qu'elle y applique, madame Cavé, dont tout le monde connaît les charmants tableaux, ne vient pas seulement prouver qu'elle a réfléchi profondément sur les principes de l'art qu'elle pratique si bien : elle vient encore rendre un immense service à tous ceux qui se destinent à la carrière des arts; elle montre avec évidence combien la route ordinaire est vicieuse et combien sont incertains les résultats de l'enseignement tel qu'il est. Elle a incontestablement le premier des titres pour être écoutée : elle parle de ce qu'elle connaît bien, et la manière piquante dont elle présente la vérité ne sert qu'à la rendre plus claire. Je n'irai point, à propos de son ouvrage, faire le procès aux écrivains qui, sans connaître à fond la peinture, et même sans en avoir pratiqué les éléments, écrivent sur cet art et donnent aux artistes des conseils complaisants. L'élève qui va, son portefeuille sous le bras, étudier à l'Académie ne lit guère ces sortes d'écrits, et le peintre tout fait, qui a pris son pli et choisi sa voie, n'a plus le loisir ni la force de se refaire ou de se modifier d'après leurs systèmes; d'ailleurs ces ouvrages s'occupent beaucoup moins, en général, de la pratique que de la théorie. La vraie plaie, c'est le mauvais maître de dessin, c'est l'introducteur maladroit de ce sanctuaire où lui-même ne pénétrera jamais, ce mauvais peintre qui prétend enseigner et démontrer ce qu'il n'a jamais pu pratiquer pour son propre compte, la manière de faire un bon tableau. Le traité de madame Cavé vient à propos s'interposer entre ces tristes professeurs et leurs victimes. Il faut mettre sur le compte de leurs funestes doctrines, ou plutôt sur l'absence de toute doctrine dans leur manière d'enseigner, le peu d'attrait que nous avons tous trouvé à l'entrée de la carrière. Qui ne se rappelle ces pages de nez, d'oreilles et d'yeux, qui ont affligé notre enfance? Ces yeux, partagés méthodiquement en trois parties parfaitement égales, dont le milieu était occupé par la prunelle, figurée par un cercle; cet ovale inévitable, qui était le point de départ du dessin de la tête, laquelle n'est ni ovale ni ronde, comme chacun sait; enfin toutes ces parties du corps humain, copiées sans fin et toujours séparément, dont il fallait à la fin, nouveau Prométhée, construire un homme parfait : — telles sont les notions qui accueillent les commençants, et qui sont pour la vie entière une source d'erreurs et de confusion.

» Comment s'étonner de l'aversion que tout le monde éprouve pour l'étude du dessin? Madame Cavé voudrait pourtant, dit-elle dans sa préface, que cette étude fût une des bases de l'éducation, comme la lecture et l'écriture : en supprimant toutes les méthodes ridicules, en rendant l'enseignement non-seulement logique, mais facile, elle serait cause de la révolution la plus heureuse; elle guiderait sûrement les premiers pas des artistes dans la longue carrière qu'ils ont à parcourir, et ouvrirait aux gens du monde, aux simples amateurs, une source de jouissances aussi vives que variées. La peinture, qui en procure de si grands aux connaisseurs capables d'apprécier les délicatesses de ce bel art, en apprête de bie plus réelles à ceux qui tiennent eux-mêmes le crayon ou le pinceau, quel que soit le degré de leur talent. Sans s'élever jusqu'à la composition, on peut éprouver un très-grand plaisir à imiter tout ce que présente la nature. Copier de bons tableaux est aussi un amusement très-réel, qui fait de l'étude un plaisir; on conserve ainsi le souvenir des beaux ouvrages au moyen d'un travail qui n'a point pour accompagnement la fatigue et l'inquiétude d'esprit de l'inventeur. C'est lui qui a eu la peine et le véritable travail. Le poëte Gray disait qu'il ne demandait pour sa part dans le paradis que la liberté de lire à son aise, étendu sur un canapé, des romans de son goût; c'est le plaisir du faiseur de copies. Ç'a été le délassement des plus grands maîtres, et c'est une conquête facile pour le talent qui s'essaye encore comme pour l'amateur qui n'aspire pas à vaincre les dernières difficultés.

» Chez les anciens, la connaissance du dessin était aussi familière que celle des lettres : comment supposer qu'elle n'était pas, comme ces dernières, un des principes de l'éducation? Les merveilles d'invention et de science qui brillent, je ne dirai pas seulement dans les restes de leur sculpture, mais dans leurs vases, dans leurs meubles, dans tous les objets à leur usage, attestent que la connaissance du dessin était aussi répandue que celle de l'écriture. Il y avait plus de poésie chez eux dans la queue d'une casserole et dans la plus simple cruche que dans les ornements de nos palais. Quels connaisseurs ce devaient être que ces Grecs! Quel tribunal pour l'artiste qu'un peuple de gens de goût! On a répété à satiété que l'habitude de voir le nu les familiarisait avec la beauté et leur faisait apercevoir facilement les défauts dans les ouvrages des peintres et des sculpteurs : c'est une grande erreur de croire qu'il fût aussi commun que nous nous l'imaginons de rencontrer le nu chez les anciens; l'habitude de voir les statues a enraciné ce préjugé. Les peintures qui nous restent des anciens nous les montrent dans la vie ordinaire, vêtus de la manière la plus variée, affublés de chapeaux, de souliers et même de gants. Les soldats romains portaient des culottes; les Écossais, en ceci, sont plus voisins de la simple nature; les gens riches, qui affectaient les mœurs des Asiatiques, étaient accablés, comme nous voyons les rajahs de l'Inde, sous des ajustements mis les uns sur les autres, sans compter les colliers, les agrafes ornées, les coiffures variées. En supposant d'ailleurs que leurs jeux publics et les exercices de gymnastique auxquels ils se livraient habituellement aient pu mettre sous leurs yeux, un peu plus souvent que cela n'arrive chez les modernes, des corps en mouvement et entièrement nus, est-ce une raison suffisante pour leur attribuer une parfaite connaissance du dessin? Tout le monde chez nous se montre la figure découverte : la vue de tant de visages forme-t-elle beaucoup de connaisseurs dans l'art du portrait? La nature étale libéralement à nos yeux ses paysages, et les grands paysagistes n'en sont pas plus communs.

» Apprenez à dessiner, nous dit l'auteur du *Dessin, et vous aurez votre pensée au bout de votre crayon, comme l'écrivain au bout de sa plume;* apprenez à dessiner, et vous emporterez avec vous, en revenant d'un voyage, des souvenirs bien autrement intéressants que ne serait un journal où vous vous efforceriez de consigner chaque jour ce que vous avez éprouvé devant chaque site, devant chaque objet. Ce simple trait de crayon que vous avez sous les yeux vous rappelle, avec le lieu qui vous a frappé, toutes les idées accessoires qui s'y rattachent, ce que vous avez fait avant ou après, ce que votre ami disait près de vous, et mille impressions délicieuses du soleil, du vent, du paysage lui-même, que le crayon ne peut traduire. Il y a plus : vous faites éprouver au retour, à l'ami qui n'a pu la suivre, une partie de vos émotions, car quelle est la description écrite ou parlée qui a jamais donné une idée nette de l'objet décrit? J'en appelle à tous ceux qui ont lu avec délices, comme je l'ai fait moi-même, les romans de Walter Scott, et je le choisis à dessein, parce qu'il excelle dans l'art de décrire : est-il un seul de ces tableaux, si minutieusement détaillés, qu'il soit possible de se figurer? Il serait plaisant, sur une de ces descriptions, de proposer à une douzaine d'habiles peintres de reproduire par le dessin les objets décrits par cet enchanteur; ils seraient, je n'en doute pas, dans un désaccord complet. J'ai entendu dire à un des plus illustres écrivains de ce temps-ci que, durant un voyage fort intéressant en Allemagne, il avait fait de grands efforts pour fixer sur le papier, mais avec des lettres et des mots, ces instruments ordinairement dociles de sa pensée, l'aspect, la couleur et même la poésie des lieux, des montagnes, des rivières qu'il voyait, qu'il traversait. Il m'a confessé qu'il n'avait pas tardé à se dégoûter de cette besogne stérile, plus propre, suivant moi, à altérer les souvenirs qu'à les faire renaître.

» Mais comment apprendre à dessiner? L'éducation, qui suffit à peine à faire le moindre bachelier, dure dix années; dix ans passés sous la férule et sur les bancs donnent à peine au commun des écoliers l'intelligence sommaire des écrivains de l'antiquité. Où prendre le temps nécessaire à ce long apprentissage du dessin, dans lequel les plus grands maîtres ont consumé leur vie entière, et cela dans l'absence de toute méthode? Il n'en existe réellement aucune pour apprendre le dessin; l'écolier en peinture ne trouve ni dans les livres, ni même dans les conseils d'un maître, l'analogue du rudiment et de la syntaxe. Le maître le meilleur, et ce sera celui qui laissera de côté toutes ces vaines pratiques dont la routine a fait une habitude, ce maître-là ne pourra que placer devant les yeux de son élève un modèle, en lui disant de le copier comme il peut. La connaissance de la nature, fruit d'une longue expérience, donne aux peintres consommés une sorte d'habitude dans les procédés qu'ils emploient pour rendre ce qu'ils voient; mais l'instinct demeure encore pour eux un guide plus sûr que le calcul. C'est ce qui explique comment les grands maîtres ne se sont point arrêtés à donner des préceptes sur l'art qu'ils pratiquaient si bien; l'intervention du dieu sur lequel ils comptaient tous leur a paru sans doute le meilleur de tous les conseillers; presque tous ils ont dédaigné de laisser au moins quelques conseils écrits, quelques traditions de la pratique matérielle. Albert Durer n'a traité que des proportions : ce sont des mesures prises mathématiquement en partant d'une base arbitraire, et ce n'est pas là le dessin. Léonard de Vinci, au contraire, dans son *Traité de peinture,* n'invoque presque que la routine : nouvelle preuve à l'appui de nos assertions. Ce génie universel, ce grand géomètre, n'a fait de son livre qu'un recueil de recettes.

» Il n'a pas manqué d'esprits systématiques, et je ne parle pas ici des vulgaires maîtres de dessin, qui se sont révoltés contre l'impuissance de la science. Les uns ont dessiné par des ronds, les autres par des carrés; ils ont appelé à leur secours les rapports les plus inattendus : l'idée si simple de madame Cavé n'est venue à aucun d'eux, à cause de sa simplicité même. Apprendre à dessiner, a-t-elle dit, c'est apprendre à avoir l'œil juste ; il importe peu que ce soit une machine qui soit le professeur, pourvu que l'on apprenne avant tout à avoir l'œil juste ; le raisonnement et même le sentiment ne doivent venir qu'après.

» En effet, dessiner n'est pas reproduire un objet tel qu'il est, ceci est la besogne du sculpteur, mais tel qu'il paraît, et ceci est celle du dessinateur et du peintre; ce dernier achève, au moyen de la dégradation des teintes, ce que l'autre a commencé au moyen de la juste disposition des lignes; c'est la perspective, en un mot, qu'il faut mettre, *non pas dans l'esprit, mais dans l'œil de l'élève.* Vous ne m'apprenez, dirai-je au maître, avec vos proportions exactes et votre perspective par *a plus b,* que des vérités, et dans l'art tout est mensonge : ce qui est long doit paraître court, ce qui est courbe paraîtra droit, et réciproquement. Qu'est-ce en définitive que la peinture dans sa définition la plus littérale? L'imitation de la saillie sur une surface plane. Avant de faire de la poésie avec la peinture, il faut avoir appris à faire venir les objets en avant; il a fallu des siècles pour en arriver là. On a commencé par un trait sec et aride, on a fini par les merveilles de Rubens et du Titien, dans lesquelles les parties saillantes comme les simples contours prononcés, chacun dans la mesure convenable, sont arrivés à cacher l'art à force d'art. Voilà le *nec plus ultrà,* voilà le prodige, et le prodige est le fruit de l'illusion.

» Donnez, dirai-je encore avec madame Cavé, un morceau d'argile à un paysan en lui demandant d'en former une boule : le résultat sera tant bien que mal une boule. Présentez à ce sculpteur improvisé une feuille de papier et des crayons, et demandez-lui de résoudre le même problème avec des instruments d'une autre espèce en traçant sur le papier et en arrondissant l'objet au moyen du blanc et du noir : vous aurez peine à lui faire concevoir seulement ce que vous exigez de lui; il faudra des années pour qu'il arrive à modeler un peu passablement à l'aide du dessin.

» Madame Cavé ne s'occupe donc qu'à rendre l'œil juste. Grâce à sa méthode, qui est la simplicité même, les proportions, la tournure, la grâce viendront d'elles-mêmes se tracer sur le papier ou sur la toile. Au moyen d'un calque de l'objet à représenter pris sur une gaze transparente, elle donne à son élève la compréhension forcée des raccourcis, cet écueil de toute espèce de dessin; elle accoutume l'esprit à ce qu'ils offrent de bizarre et même d'incroyable. En faisant ensuite répéter de mémoire ce trait en quelque sorte pris sur le fait, elle familiarise de plus en plus le commençant avec les difficultés : c'est appeler la science au secours de l'expérience naissante, et ouvrir du même coup à l'élève la carrière de la composition, laquelle serait fermée à jamais sans le secours du dessin de mémoire.

» Conduits par une idée analogue, beaucoup d'artistes ont eu recours au daguerréotype pour redresser les erreurs de l'œil : je soutiendrai avec eux, et peut-être contre l'opinion des critiques de la méthode d'enseignement par le calque à la vitre ou par la gaze, que l'étude du daguerréotype, si elle est bien comprise, peut à elle seule remédier aux lacunes de l'enseignement; mais il faut déjà une grande expérience pour s'en aider convenablement. Le daguerréotype est plus que le calque, il est le miroir de l'objet; certains détails, presque toujours négligés dans les dessins d'après nature, y prennent une grande importance caractéristique, et introduisent ainsi l'artiste dans la connaissance complète de la construction : les ombres et les lumières s'y retrouvent avec leur véritable caractère, c'est-à-dire avec leur degré exact de fermeté ou de mollesse, distinction très-délicate et sans laquelle il n'y a pas de saillie. Il ne faut pourtant pas perdre de vue que le daguerréotype ne doit être considéré que comme un traducteur chargé de nous initier plus avant dans les secrets de la nature; car, malgré son étonnante réalité dans certaines parties, il n'est encore qu'un reflet du réel, qu'une copie fausse en quelque sorte à force d'être exacte. Les monstruosités qu'il présente sont choquantes à juste titre, bien qu'elles soient littéralement celles de la nature elle-même; mais ces imperfections, que la machine reproduit avec fidélité, ne choquent point nos yeux quand nous regardons le modèle sans cet intermédiaire; l'œil corrige à notre insu les malencontreuses exactitudes de la perspective rigoureuse; il fait déjà la besogne d'un artiste intelligent : *dans la peinture, c'est l'esprit qui parle à l'esprit, et non la science qui parle à la science.* Cette réflexion de madame Cavé est la vieille querelle de la lettre et de l'esprit : c'est la critique de ces artistes qui, au lieu de prendre le daguerréotype comme un conseil, comme une espèce de dictionnaire, en font le tableau même. Ils croient être bien plus près de la nature quand, à force de peines, ils n'ont pas trop gâté dans leur peinture le résultat obtenu d'abord mécaniquement. Ils sont écrasés par la désespérante perfection de certains effets qu'ils trouvent sur la plaque de métal. Plus ils s'efforcent de lui ressembler, plus ils découvrent leur faiblesse. Leur ouvrage n'est donc que la copie nécessairement froide de cette copie imparfaite à d'autres égards. L'artiste, en un mot, devient une machine attelée à une autre machine.

» Le daguerréotype me conduit naturellement à ce que madame E. Cavé dit du portrait : « Il n'est pas d'œuvre plus » délicate. Une personne qui remue, qui parle, ne laisse pas » apercevoir ses imperfections comme un portrait muet et » immobile. On voit toujours beaucoup trop un portrait; on » le voit plus en un jour que l'original en dix ans. Un portrait initie celui qui le regarde à des détails qu'il n'avait » jamais vus. Ainsi, par exemple, il arrive souvent qu'on dit » devant un portrait : C'est ressemblant, mais le nez est trop » court. Puis on regarde l'original, et on ajoute : Je n'avais » pas remarqué que vous eussiez le nez si court!... mais vous » avez le nez très-court!... » Ces réflexions montrent assez quelle doit être la tâche du peintre de portrait, et cette tâche exige peut-être, contre l'opinion reçue, qui classe le portrait dans les genres inférieurs, des facultés supérieures et tout à fait distinctes. On comprend que l'habileté du peintre de portrait

consistera à amoindrir les imperfections de son modèle, tout en conservant la ressemblance, et les moyens que donne madame Cavé de résoudre cette difficulté sont à la fois simples et ingénieux. Certains traits peuvent être modifiés, embellis, tranchons le mot, sans nuire aux traits caractéristiques. « Étu-
» diez le caractère d'une tête, tâchez de reconnaître ce qu'elle
» a de frappant au premier abord. Il y a des personnes qui
» naissent avec ce tact : aussi font-elles le portrait ressemblant
» même avant de savoir dessiner. J'appelle ressemblant le
» portrait qui plaît à nos amis, sans que nos ennemis puissent
» dire : C'est flatté ! Et ne croyez pas que ce soit facile : com-
» bien y a-t-il de bons peintres de portraits, c'est-à-dire des
» peintres qui joignent à un grand talent le mérite de la res-
» semblance? Fort peu. Souvent un simple croquis est plus
» ressemblant qu'un portrait; c'est qu'on a eu le temps d'y
» mettre ce que tout le monde a remarqué. Savez-vous quelle
» est la couleur des yeux de tous vos amis? Non certaine-
» ment... Il résulte de là que nous nous regardons entre nous
» très-légèrement. De là cette question : Faut-il qu'un peintre
» de portraits nous en montre plus que nous n'avons l'habi-
» tude d'en voir? Examinez les portraits faits au daguerréo-
» type : sur cent, il n'y en a pas un de supportable. Pourquoi
» cela? C'est que ce n'est pas la régularité des traits qui nous
» frappe et nous charme, mais la physionomie, l'expression du
» visage, parce que tout le monde a une physionomie qui
» nous saisit au premier aspect et qu'une machine ne rendra
» jamais. De la personne ou de l'objet qu'on dessine, c'est
» donc surtout l'esprit qu'il faut comprendre et rendre. Or,
» cet esprit a mille faces différentes : il y a autant de physio-
» nomies que de sentiments. C'est une grande merveille de
» Dieu que d'avoir fait tant de figures diverses avec un nez,
» une bouche et des yeux. Car qui de nous n'a pas cent vi-
» sages? Mon portrait de ce matin sera-t-il celui de ce soir, de
» demain? Rien ne se répète : à chaque instant une expression
» nouvelle ! »

» Je ne m'étendrai pas sur toutes les parties de ce charmant traité, dont le mérite principal est peut-être la brièveté. Dans d'aussi étroites limites, l'auteur touche à tous les points qui peuvent intéresser un élève aussi bien qu'un artiste consommé : l'art de choisir le point de vue, de disposer les lumières et les ombres, enfin tout ce qu'on peut enseigner de la composition, tout cela est présenté en peu de mots ; elle n'oublie pas, dans cette partie de l'art qui résume toutes les autres, de recommander la circonspection dans le choix des sujets. Comme elle a le bon goût, et j'ajouterai l'excessive modestie, de ne s'adresser qu'à des femmes, cette attention est plus importante encore ; j'ajouterai que bon nombre d'hommes pourront faire leur profit de ses conseils : la fureur de tenter des sujets ou des genres pour lesquels ils ne sont point faits a égaré beaucoup d'artistes de mérite. Le préjugé qui mesure le talent à la dimension des ouvrages ne devrait se rencontrer que chez les personnes qui ne sont point familiarisées avec la peinture : comment des artistes qui sentent et admirent comme ils le méritent les chefs-d'œuvre des Flamands et des Hollandais trouvent-ils quelque chose à envier, quand ils produisent eux-mêmes des ouvrages remarquables dans des dimensions analogues ? *Il n'y a point de degrés,* dit madame Cavé, *dans la valeur des choses que l'on sculpte ou qu'on peint ; il n'y a de degrés que dans le talent des artistes qui exécutent.* La recommandation capitale qui est le point de départ de tout enseignement est donc celle-ci : Consultez, avant tout, la vocation de votre élève. « Aujourd'hui, dit-elle encore, on fait des artistes malgré » Minerve ; on dit à un jeune homme : Tu seras peintre, » sculpteur, comme on lui dirait : Tu seras potier ou me- » nuisier, sans étudier le moins du monde son aptitude. On » oublie que c'est le génie seul qui peut dire à un jeune » homme : Tu seras artiste. Apparemment que dans l'anti- » quité il en était autrement. » — « Voyez cette rivière, dit- » elle ailleurs, qui suit amoureusement le lit que la nature lui » a creusé, portant dans son cours sinueux la fraîcheur et » l'abondance, s'enrichissant des petits ruisseaux qu'elle ren- » contre, et enfin arrivant à la mer fleuve majestueux : c'est » l'image du talent et du génie ; rien ne lui coûte, il suit sa » pente naturelle. Il n'en va pas ainsi des natures inférieures, » chez lesquelles tout est emprunt et efforts, semblables à ces » canaux creusés à grand renfort de bras à travers les mon-

» tagnes, et qui manqueraient d'eau si la rivière voisine ne les » alimentait; fleuves factices, sans grâce et sans vie. »

» On voit par ce que je cite au hasard que ma tâche est facile; ces images frappantes et simplement exprimées, qu'on rencontre çà et là et avec la sobriété convenable, sont l'accompagnement des préceptes et donnent une idée de la manière dont l'ouvrage est traité. Il est difficile de faire l'analyse complète d'un travail aussi instructif et aussi clairement présenté; on ne peut que se jeter dans des répétitions en d'autres termes des simples vérités que l'auteur met sous les yeux de ses lecteurs. En parlant aux jeunes filles qui sont ses élèves, — et sous une forme légère, — madame Cavé présente aux artistes de toutes les classes les idées les plus intéressantes à méditer et à retenir.

» Je veux parler encore de sa leçon sur l'utilité qu'on doit tirer de l'étude des grands maîtres : les réflexions auxquelles elle se livre sur leurs mérites divers me paraissent résoudre en peu de mots une grave question qui a fait entasser des volumes, et qui ne semblait pas résolue. Il ne s'agit de rien moins que du *beau* : ce beau, que les uns ont fait consister dans la ligne droite, d'autres dans la serpentine, et que l'auteur du traité trouve tout simplement partout où il y a à admirer : « Étudiez les différences qui existent entre ces grands » talents (elle vient de passer en revue les grands maîtres des » différentes écoles). Les uns sont en première ligne, les autres » en seconde; mais il y a des beautés chez tous; chez tous il y » a matière à s'instruire. Ce que je recommande particulière» ment, c'est de n'être point exclusif. Certains peintres se sont » perdus en n'adoptant qu'une seule manière et en condam» nant toutes les autres. Il faut les étudier toutes sans partia» lité : ainsi on conserve son originalité, parce qu'on ne se » met à la suite d'aucun maître. L'élève de tous n'est l'élève » d'aucun, et de toutes ces leçons qu'il a reçues il s'est fait » une richesse propre... Tandis que ce maître s'est attaché à » étudier la nature dans ses plus petits détails, cet autre n'a » cherché que les effets pittoresques, que les grandes tournures. » Ceux-ci ont représenté, en peignant l'histoire, les scènes » mémorables de la vie ancienne; ceux-là ont peint naturelle-

» ment et sans effort le motif le plus banal tel qu'il se présen-
» tait à leurs yeux. Les uns ont demandé leurs inspirations à
» la poésie, les autres à la réalité. Paul Véronèse jette l'air et
» la lumière partout avec profusion; Rembrandt s'enveloppe
» dans un clair-obscur profond et mystérieux. Celui-là est blond,
» celui-ci vigoureux. Tous sont divers, mais tous sont dans la
» nature. Si les femmes de Rubens ne ressemblent pas à celles
» de Titien et de Raphaël, c'est que les Hollandaises ne res-
» semblent pas aux Italiennes. Il y a plus : dans le même
» pays, Titien, Raphaël, Paul Véronèse, diffèrent entre eux
» sur la forme; c'est que chaque peintre avait son goût, sa pré-
» dilection; chacun a peint les femmes comme il les aimait, et
» aucun ne s'est trompé : il a peint le beau qu'il voyait. »

» Je laisserai le lecteur sous l'impression de ces lignes si nettes et si sensées; je n'ai garde de les accompagner de réflexions; elles me serviront de conclusion en attendant qu'elles puissent amener les esprits à s'entendre sur les qualités respectives des grands maîtres, et surtout sur ce fameux *beau* qui a coûté tant d'insomnies à tant de grands philosophes, tandis que d'autres hommes rares le trouvaient sans y penser.

» EUGÈNE DELACROIX. »
(*Revue des Deux Mondes*, n° du 15 septembre 1850.)

Avec ce livre (1) on apprend toute la couleur, et la manière de procéder pour l'aquarelle et la peinture à l'huile.

Avec les mêmes principes on aborde également le pastel, la peinture sur ivoire, sur porcelaine et sur faïence.

De nombreux élèves se sont déjà formés à cette école.

En disant que ce livre est approuvé par notre grand maître Eugène Delacroix, c'est dire que les enseignements sur la couleur y sont traités de main de maître.

(1) Que nous publions aujourd'hui.

L. P.

LETTRE PREMIÈRE.

DES ANTIQUES. — DES GRANDS MAÎTRES.

Tu as parfaitement répondu à M. de C***, ma chère Julie, en lui disant que c'était avec intention que je n'avais pas recommandé par-dessus tout à mes élèves l'étude des antiques, celle de Raphaël et des maîtres qui l'ont suivi.

Je m'en serais bien gardée. Comme je ne me sers pas des lunettes des autres, j'ai enseigné tes filles selon mes observations. Si le résultat est bon, que t'importe la critique des professeurs classiques? Ont-ils des élèves qui puissent, comme les miennes, après un an d'étude, dessiner de mémoire un Raphaël, un Watteau ou tout autre maître, sans qu'il soit permis de s'y tromper? Non, certainement. J'ai donc eu raison de les leur faire connaître avant d'en causer avec elles.

J'ai pour principe de ne pas commencer par la fin. Les antiques, Raphaël, Poussin, sont les maîtres du style. Parler de style à un élève qui ne sait pas dessiner, c'est parler à un aveugle de couleurs. Je ne veux pas que tes filles soient comme ces enfants auxquels on fait apprendre par cœur les fables de la

Fontaine, et qui répètent comme des perroquets ces leçons de haute philosophie. Quand vient l'âge de raison, ils les dédaignent parce qu'ils ne les ont jamais comprises, et continuent à n'y voir, comme leurs ancêtres, que des cocottes, des dadas et des toutous pour amuser leurs enfants.

Il en est des antiques, de Michel-Ange, de Raphaël, de Poussin, comme d'Homère, de Platon, de Plutarque. Il faut être avancé dans ses études pour les comprendre.

Je n'ai donc pas ennuyé tes filles avec ces grands maîtres, comme on ennuie les enfants avec nos belles fables; car ce que l'on ne comprend pas est toujours fastidieux. Il est si rare qu'on revienne de ses premières impressions, qu'il est prudent de ne parler aux élèves des grandes choses que lorsqu'elles sont de force à les apprécier.

Les arts et les sciences ont aussi leurs mystères, qu'il ne faut pas révéler à l'enfance; ce serait exposer des yeux délicats à une ardente lumière.

Mais aujourd'hui je crois que je puis parler et que je serai comprise.

Dans nos leçons de dessin, avant de mettre tes filles devant la nature, je les ai mises en présence des maîtres de toutes les écoles, afin qu'elles vissent comment ils l'avaient interprétée en la dessinant. Aujourd'hui, dans nos leçons de couleur, avant de les mettre devant la nature, je les mettrai aussi en présence des coloristes, afin qu'elles voient comment ils l'ont interprétée avec le pinceau. Mais je continuerai d'être impartiale : on ne fait pas des élèves en leur imposant ses goûts, ses prédilections. Je n'enseigne ni ma manière de dessiner ni ma manière de peindre. Mes élèves ont tous les grands maîtres pour professeurs, puisque, par le calque, ils viennent eux-mêmes s'imposer et dire : « Ce n'est pas cela : recommencez, corrigez. »

J'aurais pu t'écrire que Watteau me semble le maître des femmes. Mais il y a peut-être dans mon organisation quelque chose qui ressemble à la sienne, et qui me le fait apprécier comme une autre femme ne l'apprécierait pas. Je laisse donc le penchant, le sentiment de tes filles se développer et se diriger sans influence aucune. Je leur ai ouvert une longue route, très-large au point de départ. Il y a d'abord place pour tout le monde; mais à mesure qu'on avance, elle se rétrécit et devient difficile. Beaucoup restent en chemin, très-peu arrivent au terme. C'est l'Élysée, c'est le Paradis : beaucoup d'appelés et peu d'élus.

Mais avant de parvenir à ces sommets où brillent les fleurs les plus rares, il y a sur les pentes inférieures de charmantes moissons à recueillir. Que de merveilles depuis Téniers, qui a peint les plaisirs de Bacchus, jusqu'à Watteau, animant les bois et les jardins ! Vois ces parcs et ces prairies avec des couples errants, si heureux d'y causer et d'y folâtrer qu'on se prend à les envier; c'est à croire qu'on ne faisait pas autre chose sous Louis XV. Les arbres appartiennent si bien aux personnages, et les personnages aux arbres, qu'on sent qu'ils respirent le même air. Une atmosphère de bonheur est répandue sur toute cette nature, et si Watteau n'a pas voulu faire de la poésie, il faut avouer qu'il en met beaucoup dans le cœur et dans l'esprit de ceux qui contemplent ses œuvres.

Il a peint la nature qu'il avait sous les yeux. Si le costume Louis XV avait eu du caractère, il serait un peintre de style, car il est impossible d'être plus vrai que lui; et le style, c'est le mouvement naturel.

Les grands maîtres le prouvent. Phidias a reproduit les belles formes et les grandes tournures qu'il avait sous les yeux. Qu'ont fait Raphaël et Poussin? On voit qu'ils ont eu le ferme dessein de bien exprimer les grandes scènes qui les ont inspirés. Ils s'y attachent avec une sorte de religion, donnant à chacun de leurs personnages sa physionomie, sa pose et son action. Par exemple, tous deux ont peint des scieurs de bois; quelles admirables figures! et comme ce sont des hommes de notre temps! même mouvement juste et naturel. Il n'y a de différence que dans le costume. Et cependant, si Raphaël et Poussin n'avaient peint que des scieurs de bois, ils ne passeraient pas pour les maîtres du style. C'est qu'il y a bien des préjugés sur le style.

Ceux qui admirent les grands maîtres de leur véritable point de vue admirent tous ceux qui sont partis du même principe.

Devant la nature, tes filles ont parfaitement apprécié toute chose sans effort, sans explications théoriques, de même qu'elles ont connu la perspective sans savoir ni pourquoi ni comment. Elles ont tout appris comme les enfants apprennent à parler, sans grammaire ni dictionnaire. N'est-il pas reconnu que la meilleure manière de savoir les langues est de les parler d'abord? Je suis partie de ce principe.

Enfants, élèves, faites toujours. Plus tard vous saurez pourquoi. Vous avez le bonheur de ne pas avoir de maître, ou d'en avoir un qui n'est pas pressé de faire de l'esprit devant vous.

Aujourd'hui, si je dis à tes filles : « Le style naît des grandes lignes. C'est l'harmonie des contraires. Lorsqu'une figure vous donne une grande ligne d'un côté, elle est très-mouvementée de l'autre, » je serai comprise. Les antiques, les Raphaël, les Pôussin et les Lesueur qu'elles ont dessinés de mémoire ont parlé avant moi. D'un mot je les mets dans la voie du style.

Donne-leur un exemple. Prends dans le peuple une petite fille de dix à douze ans, revêts-la d'une longue chemise sans manches, et laisse-la se remuer et agir sans avoir l'air de la regarder. Elle donnera des mouvements d'un style et d'une beauté incroyables qui rappelleront à tes filles les beaux anges de nos grands maîtres.

Ajoute une seconde chemise descendant au-dessus des genoux et rattachée à la ceinture, elles reconnaîtront les belles femmes de Poussin.

Une jeune fille de douze ans élevée dans le peuple est ordinairement naturelle; ses mouvements sont à elle, et elle a l'allure des antiques, car l'espèce humaine est la même dans tous les temps. La manière vient des mœurs et des modes, qui ne gâtent pas les enfants de si bonne heure. Aussi Raphaël prenait-il ses vierges parmi les enfants : on le voit à la forme de leurs fronts et au contour de leurs joues. Je n'ai jamais trouvé que dans les jeunes filles et dans les jeunes garçons de douze ans ces poses simples et nobles qui caractérisent toutes les œuvres de ce divin peintre.

Je suis certaine que Marie, qui chaque soir dessine de mémoire ses belles gravures, donne son assentiment à chacune de mes paroles comme à une vérité connue. En effet, je ne lui présente que les observations qu'elle a déjà faites elle-même. Ai-je eu tort de commencer par lui donner cette expérience ?

Celle des professeurs est comme celle des parents : elle ne corrige pas, elle n'apprend rien. On ne profite que de la sienne. Le créateur de toute chose l'a ainsi voulu pour que nous restassions des hommes ; autrement, d'expérience en expérience, de progrès en progrès, nous serions tout bonnement des dieux à l'heure qu'il est.

Avec un peu de philosophie dans le cœur, on pardonne à ces fous qui bouleversent notre pays en criant : Progrès ! progrès ! Ils ne savent pas que le progrès en tout a ses limites, qu'il ne nous est pas donné de franchir. Ils ne le savent pas, mais ils l'apprennent chaque jour. Les gouvernements sont comme les hommes, un heureux mélange de bon et de mauvais. J'ai dit un heureux mélange, je ne me rétracte pas : sans le mauvais, on ne connaîtrait pas le bon.

Il faut peut-être aussi que les gouvernements aient leurs jours de calme et leurs jours de tourmente. Après les orages, les arts renaissent. Et quelle admirable chose qu'une renaissance des arts ! Les arts sont comme les fleurs, ils attendent que leur gelée et leur neige soient fondues pour s'étaler splendidement au soleil. Seulement, il y a dans l'histoire des hivers bien longs. On voudrait que chaque gouvernement eût des serres pour les mauvais temps, c'est-à-dire des écoles où l'étude de l'art calmerait les jeunes têtes de quinze à dix-huit ans. L'art, c'est le contact de l'esprit de l'homme avec l'esprit de Dieu. L'artiste pense plus qu'il ne parle, et nous parlons trop et trop bien ; ce qui fait que nous ne nous entendons plus.

Mais vous voulez donc, me dira-t-on, une société de peintres et de sculpteurs ? — Non. J'entends parler de l'art qui s'appliquait à tout chez les anciens, de l'art qui donnait son cachet à toutes les professions, et qui s'étendait depuis le manche de la casserole jusqu'à la statue du maître des dieux. Chez eux tout était soigné et de bon goût. C'est qu'en ce temps-là, un vingtième au plus de la population s'occupait de donner des lois aux autres, de conseiller, de critiquer, tandis qu'aujourd'hui les dix-neuf vingtièmes veulent ordonner et conseiller. Nous sommes dans un théâtre où il n'y a presque plus que des acteurs.

Si tout le coton de l'univers passait par un métier à bonnets, il n'y aurait que des bonnets de coton. Vous mettez tous les cerveaux dans le même métier, d'où il ne sort que des écrivains. Est-ce sage? est-ce habile? Je ne suis pas ennemie de la plume; mais vous, si vous aimiez un peu plus le crayon et le pinceau, vous vous en trouveriez mieux. Mais ne voilà-t-il pas que je donne des leçons aux gouvernements, qui ne m'écouteront pas! Quelle bévue! Je reviens à toi, qui m'écoutes, pour t'embrasser.

M. É. C.

LETTRE DEUXIÈME.

DE LA COULEUR SANS COULEURS.

Avant de donner une palette à nos jeunes élèves, ma chère Julie, je dois leur faire bien comprendre ce que c'est que la couleur.

Dans le langage reçu, on réserve le nom de coloriste pour le peintre qui possède la science de l'harmonie des couleurs. Celui qui n'a pas cette science et qui met des tons les uns à côté des autres fait une chose absurde. C'est un homme qui s'assied devant un échiquier sans connaître le jeu, et qui fait agir ses pièces à tort et à travers. C'est un chanteur qui n'a ni la voix ni l'oreille justes, et qui déchire les oreilles de ceux qui l'écoutent. Le tableau d'un pareil peintre n'est pas de la peinture, c'est un je ne sais quoi de faux et de discordant, créé pour le supplice des yeux. Que j'en ai vu de cette sorte à la fameuse exposition de 1848 ! C'était l'image de l'époque.

Il faut se borner à faire de la couleur sans couleurs, lorsqu'on n'a pas l'instinct des tons et le talent de les harmoniser. C'est une autre manière d'être coloriste que le vulgaire connaît moins, et à laquelle je consacrerai cette lettre. C'est presque une redite;

car, dans le dessin, je l'ai déjà enseignée à tes filles. Si elles m'ont lue avec attention, si elles n'ont rien oublié, elles vont parfaitement comprendre mes nouvelles explications.

La couleur sans couleurs, c'est le clair-obscur.

Une gravure où il n'y a que du blanc et du noir est colorée, si la lumière y est distribuée de manière à frapper les yeux. Telles sont les gravures de Rembrandt. Ce grand coloriste s'occupe avant tout de sa lumière; il l'ordonnance avec un art magique. C'est le soleil de sa création.

Dieu nous a donné cette grande leçon de couleur en faisant la terre ronde avec un seul soleil qui l'éclaire, ici, directement; là, plus ou moins obliquement. A son point de vue, s'il nous regarde de là-haut, il doit jouir des effets les plus frappants et les plus variés. Pour lui, la partie du globe qui reçoit directement les rayons du soleil est le point le plus saillant de son panorama, qui varie à chaque minute. Plus loin, de tous côtés, les ombres se dessinent et forment les scènes les plus diverses et les plus attrayantes. Puisque la terre n'est pas éclairée partout en même temps, on peut donc dire, comme je l'ai dit de Rembrandt, que Dieu a ordonnancé la lumière. Quel maître pour les peintres qui savent étudier ses œuvres!

Pour me comprendre, prends une boule et fais varier son point lumineux en la présentant à la clarté d'une lampe. Tu verras par combien de dégradations passe sa lumière, depuis sa partie la plus éclairée jusqu'aux parties les plus sombres.

A sa leçon de couleur, Dieu a ajouté une leçon de pittoresque en jetant des nuages entre le soleil et la terre. Il change ainsi l'ordre régulier de la lumière, et lui donne toutes ces formes imprévues, ces accidents toujours nouveaux qui nous ravissent; on dirait qu'il n'a pas voulu que l'ennui pût nous gagner.

En l'imitant, le peintre doué d'un esprit observateur peut placer la lumière où il veut; car, dans un tableau, on ne voit que l'effet de la lumière, sans en voir la cause, attendu que la cause est presque toujours hors de la toile.

Mais qui sait profiter des grandes leçons que le Créateur nous donne à chaque instant? L'orgueil nous a perdus à notre entrée dans le monde. Il nous rend aveugles; nous nous croyons des demi-dieux capables de créer. Non, nous ne pouvons rien créer. Nous ne sommes que des imitateurs, et ce n'est qu'à ce titre que nous valons quelque chose. Les grands hommes ne sont que les grands singes de la création; et vis-à-vis de l'auteur de toutes choses, nous devons avoir cette maladresse ingénieuse et naïve que nous étudions avec tant d'intérêt chez ces êtres imparfaits qui nous imitent sur la terre.

Si j'étais une femme politique, j'ajouterais que les pays les mieux gouvernés sont ceux dont les habitants ont pris leur forme de gouvernement là-haut, et acceptent de leur chef ce qu'ils acceptent de Dieu. Lorsqu'il pleut, tout le monde est-il satisfait? Et nous voulons que chaque acte de notre chef contente tout le monde à la fois! Est-ce possible?

Mais je ne suis que peintre, grâce au ciel; et, je l'ai déjà dit, le peintre, sans cesse en observation devant la nature, acquiert un fond de philosophie qui le rend heureux. Il jouit de tant de choses en ce monde qui ne coûtent rien, son imagination lui procure tant de trésors, qu'il plane, pour ainsi dire, au-dessus des petitesses et des misères de ce monde.

Aussi, ma chère Julie, tes filles te garderont une reconnaissance éternelle de leur avoir fait apprendre l'art du dessin. J'en remercie ma mère tous les jours dans mes ennuis et dans mes peines. Quel consolateur elle m'a donné ! et quelle ressource, si la fortune vient à vous faire défaut! Car sur quoi peut-on compter dans un pays qui date par révolutions, si ce n'est sur sa propre valeur? Hâtez-vous donc d'avoir un vrai talent, mes chères élèves ; demain peut-être vous en aurez besoin.

Vous savez déjà dessiner ; prenez vos pinceaux.

De la couleur sans couleurs, que nous ne pouvons appeler couleur lumineuse, nous passons à la couleur d'harmonie, que l'aquarelle enseigne d'une manière nette et précise. Mais il est entendu que je m'adresse à Élise et à Marie, qui savent mes premières leçons; sans quoi elles ne comprendraient pas les secondes, elles ne comprendraient même pas cette lettre que je ferme en vous disant à toutes trois : Adieu.

M. É. C.

LETTRE TROISIÈME.

LA GARDE DE NUIT DE REMBRANDT.

C'est ici l'occasion, chère Julie, de te parler de la garde de nuit de Rembrandt, chef-d'œuvre de clair-obscur, de profondeur et d'air. C'est une œuvre magique.

C'est sur ce tableau que j'ai trouvé tous les procédés que je vais te donner pour faire fuir et avancer les objets.

C'était audacieux, il est vrai, d'entreprendre sur une petite feuille de papier blanc, avec des couleurs à l'eau, une œuvre que l'on peut appeler la vigueur des vigueurs.

Mais aussi, j'ai trouvé le secret que je cherchais. Faire détacher les personnages dans un tableau de manière que l'air circule autour d'eux, et que ceux du fond ne soient pas dans la vapeur.

La garde de nuit de Rembrandt est éclairée juste comme la moitié d'une boule, ainsi que je te l'ai dit. Ayant découvert cela, j'ai commencé à rendre le clair-obscur avec un seul ton gradué, puis j'ai peint par-dessus dans l'ombre absolument comme dans la lumière; et il s'est trouvé que c'était avec l'aquarelle seule qu'on pouvait découvrir ces mystères et avec l'aquarelle seule qu'on peut les enseigner.

Si tu savais comme la peinture à l'huile m'a paru facile après ce travail! J'ai pu trouver le ton des personnages du fond qui est aussi accentué, aussi lumineux, aussi vigoureux que celui des personnages qui sont devant.

Tu verras cela en suivant de point en point les leçons que je vais te donner.

J'ai aussi trouvé l'ombre de la lumière, qui est toute la couleur, toujours sur ce tableau.

Bonington avait trouvé juste les mêmes procédés en voulant copier un Rubens à l'aquarelle. Ceci prouve que la vérité est une, car je n'ai pas connu le grand coloriste; c'est M. Carrier qui m'a appris cela après avoir lu la première édition de ce livre.

Dès que tes filles se seront exercées sur des modèles simples, tu les mettras aussi devant un grand maître et une grande composition.

Tu peux leur faire commencer l'étude des principes de la couleur sur une gravure, afin qu'elles n'aient pas à se préoccuper de deux choses à la fois: les procédés que je leur donne, le ton de l'œuvre qu'elles auront à copier. Tu comprends bien qu'un peu plus de jaune, un peu plus de bleu, fait plus ou moins foncé ou clair. Commençons donc par apprendre les principes de la couleur d'après un modèle sans couleur. Tu verras des études quelquefois extraordinaires. Des jeunes filles avaient si bien compris le fusain, elles étaient devenues si intelligentes en suivant exactement ma méthode sur la couleur, que j'ai vu des aquarelles faites d'après les gravures juste dans le ton du maître. Ce sont surtout les coloristes qu'elles exécutent mieux, parce que tous les procédés sont pris sur des coloristes.

Ainsi quand tes filles sauront trouver le ton avec l'aquarelle, elles le trouveront pour faire le pastel, pour peindre sur ivoire et sur porcelaine.

Quant à la peinture à l'huile, dès que tu sauras l'aquarelle, je te donnerai la manière de peindre; dès que tu auras fait l'application des procédés à l'aquarelle, tu auras la clef de toute la couleur.

LETTRE QUATRIÈME.

LEÇON. — CHOIX DU PAPIER ET DES PINCEAUX. — PROCÉDÉ POUR TENDRE LE PAPIER. — MANIÈRE DE LAVER.

Il n'est pas aisé, ma chère Julie, de trouver des pinceaux et du papier propres à l'aquarelle. Le meilleur moyen de payer cher, c'est de chercher le bon marché. Un pinceau de six francs peut servir six mois, un an. Un pinceau de deux francs ne dure pas deux semaines, parce qu'à ce prix il est très-rare d'en trouver de passables. Pour qu'un pinceau soit bon, il faut qu'il soit élastique, c'est-à-dire que, lorsqu'on l'a trempé dans l'eau et qu'on lui a formé une pointe sur le bord du verre, cette pointe doit toujours se redresser si on la penche, soit à droite, soit à gauche. Les pinceaux gros et courts ont particulièrement cette qualité, et leurs pointes, quoique très-fines, ont de la fermeté et du ressort. Un bon pinceau sert en même temps à dessiner un œil et à faire un ciel. Cependant, il est mieux de garder les anciens pour faire les ciels et les fonds, afin de ménager les pointes des neufs.

Quant au papier, choisis-le solide et sec au toucher. Les papiers qui ont vieilli valent beaucoup mieux que les nouveaux, qui ont d'ailleurs l'inconvénient d'être fabriqués à la mécanique. En mouillant le papier avec la langue, tu verras s'il est bien collé, c'est-à-dire s'il ne boit pas l'eau, ce qui est essentiel.

« Les mauvais ouvriers ne trouvent jamais de bons outils, » dit le proverbe. C'est tout simple : ou on ne leur apprend pas à les choisir, ou on leur en donne de mauvais, tandis qu'il les leur faut meilleurs qu'aux autres. Il est plus difficile de combattre deux ennemis qu'un seul. Un bon spadassin avec une mauvaise épée peut être redoutable, mais avec une mauvaise épée que peut faire un mauvais spadassin ? Donne donc à tes filles ce qu'il y a de meilleur en pinceaux et en papier ; tu leur éviteras des dégoûts en leur rendant la tâche plus facile. Plus tard, elles seront libres de faire des tours de force, de peindre avec des allumettes, ou de faire des aquarelles sur l'envers du papier.

Mais il faut d'abord leur apprendre à trouver l'endroit.

Prends une feuille de papier, tiens-la à plat à la hauteur de ton œil ; si tu remarques des raies et des espèces de coups de grattoir à la surface, tu vois l'envers et tu le marques d'une croix.

La grande affaire maintenant, c'est de tendre ce papier sur le carton-planche. Suis-bien cette recette : elle est aussi difficile à exécuter que celle de ces fameuses confitures que nous avons si admirablement manquées d'après le *Cuisinier bourgeois*. Je vais tâcher d'être aussi simple et aussi claire que son savant auteur.

Plie et coupe ton papier dans les dimensions que tu as choisies; avec une éponge mouille entièrement l'envers de la feuille, et applique-la sur ton carton bien droite et sans pli; ensuite, afin de ne pas la salir ou l'érailler, pose par-dessus, bord à bord, un morceau de papier ordinaire.

Tu as préalablement mouillé un morceau de colle à bouche que tu tiens dans tes lèvres, pour pouvoir en faire usage sans te déranger.

Maintenant, avec le pouce et l'index, que tu écartes autant que tu le peux, tu presses les deux papiers sur le carton, et puis tu passes ta colle à bouche sous les bords du papier mouillé; il ne reste plus qu'à appuyer et à frotter avec le dos de ton canif sur le papier de dessus, jusqu'à ce que l'autre soit collé.

En ayant soin de tenir humide ta colle à bouche, tu continues ainsi tout autour du carton sans te presser.

Pendant l'opération, un livre posé sur ta feuille de papier sert à la tenir bien à plat.

« Le tout bien observé, laisser sécher, et tu dois avoir un bon résultat. »

Ceci s'appelle la corvée de l'aquarelle. Il faut s'y appliquer avec volonté et sang-froid. On pourrait acheter des cartons tout tendus, mais le papier n'en est pas toujours bon; il est souvent à l'envers; d'ailleurs, quand on a rencontré une veine de papier à son goût, on n'aime pas à en changer. Il faut donc dès le principe prendre la bonne habitude de se servir soi-même.

Ouf! avoue qu'il faut que je sois bien possédée du désir de faire de bonnes élèves pour avoir le courage d'écrire tout cela. Je donne ma malédiction à celles qui n'exécuteront pas tout ce que je prescris, je les déclare indignes et leur défends de lire ces lettres.

Pendant que nous apprenons à tendre notre papier, nous allons nous distraire un peu en apprenant à manier notre pinceau.

Sur du papier à écrire ordinaire, nous allons faire des essais de teintes plates avec du noir d'ivoire, par exemple. Mettons avec le pinceau quelques gouttes d'eau sur un garde-main, et ajoutons-y un peu de noir d'ivoire pour faire un ton gris. Ce ton fait, nous en prenons avec le pinceau, et nous lavons des carrés sur le papier. Pour réussir à les faire bien unis, nous avons à étudier ce que nous devons laisser d'eau dans le pinceau, et nous verrons qu'il ne faut pas craindre d'en prendre. Nous ferons aussi des raies de toutes les largeurs, les unes à côté des autres, pour apprendre à réserver les blancs avec précision. Si nous arrivons avec trop d'eau au bout de ce que nous voulons exécuter, nous séchons notre pinceau en l'appuyant sur le bord du verre, et il reprend bien vite ce qu'il y a de trop. Ces exercices sont extrêmement utiles et ne tardent pas à nous rendre maîtresses de notre pinceau.

De là, nous passerons aux premiers dessins de maisons que j'ai envoyés à tes filles. Le pinceau dans leurs mains va remplacer le crayon. Qu'elles commencent par décalquer les dessins très-légèrement, afin de ne pas employer la mie de pain et la gomme élastique, qui rendent le papier à laver très-mauvais. Ce calque exécuté, elles poseront les demi-teintes partout, en réservant seulement les blancs avec l'exactitude que j'ai prescrite.

Tu vois, dès le premier pas, combien il est nécessaire de savoir dessiner de mémoire. Dans l'aquarelle, il faut toujours attaquer juste : une correction n'est pas possible.

Pendant que la demi-teinte séchera, pour ne pas perdre de temps, tes filles retourneront à leur garde-main et répéteront les exercices que j'ai indiqués plus haut. Lorsque le papier sera sec, qu'il sera redevenu tendu, elles dessineront avec la pointe du pinceau les lignes architecturales, ensuite elles reviendront sur les ombres avec la teinte plus ou moins foncée. Dans les parties très-vigoureuses, on peut être obligé de revenir deux fois.

Des maisons, elles passeront aux figures drapées, aux têtes, aux mains, aux arbres, aux ciels; ensuite elles ombreront, en lavant, tout ce qu'elles ont de gravures, en commençant toujours par les plus faciles. Enfin elles laveront de mémoire, afin que le pinceau remplace le crayon, et le remplace avec autant d'habileté.

M. É. C.

LETTRE CINQUIÈME.

OBSERVATIONS. — UTILITÉ DES ENNUYEUX. — HISTOIRE DE SOPHRONIE.

L'étude, ma chère Julie, est, comme toutes les choses de ce monde, mêlée de peine et de plaisir; l'étude de l'aquarelle non moins que toute autre. Ses commencements surtout sont rudes; ma dernière lettre te l'a prouvé, et par l'ennui qu'elle t'a causé, et par la difficulté d'exécuter ce qu'elle prescrit; mais je m'engage à te dédommager. L'aquarelle est une bonne fée qui a les mains pleines de beaux fruits dorés pour les enfants obéissants et studieux.

Mais tendre une feuille de papier, quel supplice! — Sans doute; heureusement on peut y échapper. C'est un de mes petits secrets que je vais te livrer. Il y a un autre supplice que celui de tendre du papier, c'est celui de voir arriver chez soi un importun, un de ces désœuvrés qui viennent bourdonner autour de nous comme les frelons autour des ruches. Eh bien, j'ai trouvé le moyen de neutraliser un supplice par l'autre. Les ennuyeux sont presque toujours d'humeur bonne et complaisante. Quand j'en vois venir un, vite je me mets à tendre mon papier. Il me voit impatiente et malheureuse, cela le touche; il m'aide d'abord, et finit par faire la corvée à lui tout seul. Le croiras-tu? j'ai vu quelquefois des ennuyeux avec un certain plaisir. J'ai même vu plus d'un homme d'esprit briguer la tâche d'un ennuyeux.

Soit dit en passant, il y aurait là presque tout un système de conduite pour une femme intelligente, pourvu qu'elle fût un peu jolie : prendre pour soi le bon des choses, et laisser aux autres le mauvais. Mais ce serait de l'égoïsme, et je n'en veux pas. Qu'on me permette seulement de tirer quelque utilité de ces bons ennuyeux. Ils ne s'en plaignent pas. La colle à bouche fait leurs délices.

J'en étais là de ma lettre, ma chère Julie, lorsqu'on m'a annoncé madame la comtesse Stadmiski. Mon domestique a tellement exagéré le défaut d'écorcher les noms, que je me retourne en disant : « C'est la comtesse de Morantais que vous voulez dire? — Oui, madame. » Je me lève de fort mauvaise humeur, et je passe au salon.

Je te donne en mille à deviner qui je trouve... Sophronie, notre ancienne camarade, qui avait épousé, comme tu le sais, un receveur général, et qui est aujourd'hui comtesse de Stadmiski. Elle est toujours aussi jeune, aussi spirituelle, aussi jolie. Si je puis te rendre son histoire comme elle me l'a contée, elle t'intéressera, et nos filles y verront ce qu'on peut faire de ses doigts. Elle a commencé par s'informer de toi; elle ne savait ni ton nom, ni ta demeure. Lorsque plusieurs jeunes filles sortent de pension, on dirait qu'elles étaient sur une barque qui fait tout à coup naufrage. Chacune se sauve de son côté, comme elle peut, en égoïste. Mais si, quelque temps après, deux camarades se rencontrent, les amitiés redeviennent aussi vives que si l'on ne s'était jamais quitté. C'est qu'on se connaît bien! — Sophronie ira te voir avec joie à son retour de Russie.

J'ai justement retrouvé ces jours derniers une lettre qu'elle m'écrivit la deuxième année de son mariage avec le receveur général de la Haute-Garonne. Je te l'envoie. Elle t'apprendra mieux que je ne pourrais le faire le commencement de son histoire.

« Ma chère Élise, hier soir, chez le préfet, j'ai vu » notre malheureux professeur de français que nous » avons tant fait enrager pour nous venger de l'ennui » qu'il nous causait. Et, le croiras-tu? C'est avec plaisir » que je l'ai vu rider sa vilaine figure pour me faire » un salut gracieux; car à l'instant même la tienne et » celle de Julie me sont apparues. Je croyais qu'il allait » me donner de vos nouvelles. Pas du tout. Alors je » suis devenue triste et rêveuse en pensant que depuis » deux ans nous sommes séparées, et que toutes les » trois nous avons gardé le silence. Suis-je la plus » coupable? Je n'en sais rien; mais il me semble qu'il » y a dix ans que je ne t'ai vue, tant il s'est passé de » choses dans ce court espace de temps.

» Sept ans en pension, ce sont sept longs jours : » lundi, mercredi et vendredi, leçons de grammaire; » mardi, jeudi et samedi, leçons de géographie; un » dimanche, messe et vêpres, et l'autre, congé : voilà

» la vie. Mais deux années de mariage, ce sont deux » siècles en comparaison. A dix-neuf ans et demi, il » me semble que je suis déjà une vieille femme; car » je suis heureusement accouchée de ma seconde fille, » il y a deux mois. J'ai l'honneur, Madame, de vous en » faire part. Oui, Élise, j'ai deux filles! Juge si je suis » heureuse, moi qui ai toujours plaint l'espèce mas- » culine en général, et en particulier mon pauvre frère » et surtout mon mari. Quand j'écrivais sur le tableau » noir en grosses lettres blanches : « Dieu a mis toutes » ses complaisances à créer la femme, et a dit à » l'homme : Complète-toi pour lui plaire, » je ne » croyais pas exprimer une aussi grande vérité. Sais- » tu, chère amie, que ce sont les travaux d'Hercule » que les hommes exécutent pour nous être agréables! » Ils nous donnent partout les meilleures places et » toujours les meilleures choses. Nous laissons tomber » notre mouchoir ou nos gants, ils se cassent les reins » pour les ramasser. S'ils ont des jardins, c'est pour » nous en offrir les fleurs; s'ils ont de l'esprit, c'est » pour nous charmer; et s'ils ont des cœurs, pour qui, » grand Dieu! si ce n'est pour nous? As-tu remarqué » comme ils se détestent entre eux? Ces feuilles de » papier dans lesquelles ils s'injurient tous les jours » m'ont bien étonnée : si des hommes bien élevés se » traitent ainsi, que feraient les forts de la halle s'ils » écrivaient dans les journaux?

» Aussi je disais dernièrement à mon mari : — » Comment veux-tu que les femmes respectent les » hommes? Ils ne se respectent pas entre eux. »

» A propos de mon mari, je te dirai qu'il est excel-
» lent. Je me demande tous les jours : Qu'est-ce que
» je lui ai fait pour qu'il m'aime tant, pour qu'il tra-
» vaille ainsi du matin au soir pour mon bien-être et
» celui de mes filles? Vraiment, devant lui, je suis
» honteuse de mon inutilité. Je prends la peine de me
» lever, de me promener en calèche; je donne des
» ordres aux domestiques, je joue avec mes deux
» poupées : voilà le jour. Le soir, dès qu'elles dor-
» ment, je me fais bien belle pour aller dans les sa-
» lons, où l'on ne me dit que des choses charmantes.
» J'oubliais le plaisir que j'ai à acheter les plus déli-
» cieuses fantaisies pour ma maison, pour moi, pour
» mes filles; elles promettent d'être aussi belles qu'au-
» cune de nous. Aussi je te jure que je ne les farcirai
» pas de science. A quoi bon? Les hommes nous ai-
» ment telles que nous sommes. Notre sexe naît femme,
» et l'autre devient homme. Depuis que je suis mariée,
» mon mari ne m'a pas seulement une fois demandé
» de lui chanter un air, et je crois qu'il ignore que j'ai
» appris le dessin. Quelle fausse idée je me faisais du
» mariage! J'ai eu grand'peur quand on m'a parlé
» d'un receveur général; j'ai cru qu'il ne m'entre-
» tiendrait que de comptes et de chiffres, et je me
» disais : « Je pourrai lui répondre, car j'ai tou-
» jours remporté les premiers prix d'arithmétique.
» Au contraire, il ne m'a jamais parlé de choses
» sérieuses. Que de peines on s'éviterait si l'on con-
» naissait d'abord l'homme qu'on doit épouser! Ex-
» cepté mon dessin et ma musique, qui m'ont donné

» quelques bonnes heures, par combien de corvées » ai-je passé?

» Cependant, disons-le franchement, ces corvées » sont encore des roses comparativement à tous les » tourments que mon pauvre frère a endurés. Nous » autres, nous n'avons pas d'examens publics à subir : » on ne nous donne qu'un léger vernis d'éducation » pour nous faire briller. Mais les pauvres jeunes gens! » Après dix ans de collége, ils ont à trembler d'exa- » men en examen; puis ils tirent à la conscription; » puis on les colloque dans quelque étude d'avoué, » où le premier venu vient leur exposer toutes ses » mauvaises affaires, des paperasses indéchiffrables : » j'en ai vu. Au moins seront-ils tranquilles dans cet » antre de la chicane? Non; l'État, pour la seconde » fois, exige qu'ils soient militaires. On leur apporte » billet de garde sur billet de garde; si bien qu'ils » sont jugés, condamnés à des vingt-quatre heures » de prison. C'est à donner sa démission d'homme. » Fort heureusement qu'il y a des grâces d'état : mon » mari m'affirme que mon frère n'est pas si malheu- » reux qu'il me l'écrit, et que les hommes, en général, » ne voudraient pas être femmes.

» C'est peut-être parce qu'ils sont si heureux de » nous aimer.

» Ton Rourou,

» SOPHRONIE. »

Dans cette lettre un peu folle, tu vois, ma chère Julie, mieux que je ne pourrais te l'exprimer, quel

était le bonheur de Sophronie et comment elle avait envisagé la vie. Quatre années se sont écoulées après les deux premières sans rien changer à sa position. Mais le lendemain du sixième anniversaire de son mariage, le lendemain d'un jour passé dans la joie, son mari fait une chute de cheval : il est tué sur le coup. Cette pauvre femme fondait en larmes en me racontant comment on avait rapporté chez elle un cadavre : « Mes yeux, disait-elle, sont devenus telle-
» ment fixes et hébétés qu'on a craint la folie. Près
» de moi s'est trouvée une amie, la femme du secré-
» taire du préfet, qui m'a amenée chez elle avec mes
» deux filles. T'exprimer sa bonté patiente, sa ten-
» dresse attentive, c'est impossible. Un an durant,
» j'ai reçu ses soins sans m'inquiéter de l'embarras
» que je lui causais, sans demander quelle était ma
» position de fortune : une insouciance affreuse pour
» tout. J'embrassais quelquefois mes enfants convul-
» sivement, mais sans penser à elles. Je n'avais qu'une
» préoccupation, c'était de retrouver les traits de mon
» mari et de les fixer sur le papier. J'en ai fait plus
» de vingt portraits, tous dans des poses différentes.
» Le mari de mon amie s'était occupé de mes affaires;
» mais l'état de ma santé ou plutôt de ma tête l'em-
» pêchait de me rendre des comptes. Enfin le mé-
» decin, pour me tirer de mon apathie, eut l'idée de
» me révéler tout à coup un second malheur : « Il vous
» reste trente mille francs, me dit-il; vous avez quinze
» cents francs de rente; il faut en déduire cinq cents
» francs pour le logement où sont vos meubles, et

» comme mille francs par an ne vous suffisent pas, » vous travaillerez; mère, vous travaillerez pour vos » enfants, comme le faisait pour elles et pour vous » celui que vous regrettez. »

» A ces mots, il me sembla que je m'éveillais d'un » sommeil pénible : « Eh quoi, dis-je, je puis donc » faire quelque chose pour celui qui ne vivait que » pour moi! » Un grand devoir m'apparut, qui me » sauva de la folie. Si mon mari m'avait laissé de la » fortune, je serais dans une maison de santé.

» Animée d'une énergie dont jusqu'à présent je » n'avais nulle idée, je conduisis mes filles dans notre » petit appartement, que je trouvai charmant. La main » et le cœur de mon amie avaient passé par là. J'y » revis avec bonheur tout ce qui avait appartenu à » mon mari, ce qu'il avait touché, ce qu'il avait aimé. » Il me semblait qu'il était là. Il y était en effet : tous » ses portraits que j'avais tracés dans ma maladie » étaient rangés autour de moi. Leur ressemblance » était frappante : c'étaient toutes les expressions de » sa noble figure, tantôt souriante, tantôt affectueuse, » tantôt grave. Je m'agenouillai avec mes filles devant » ces images chères et sacrées, et je sentis qu'une » protection d'en haut descendait sur nous.

» Peu de jours après, une dame vint me demander » le portrait de sa fille qui allait partir pour l'Angle- » terre. Elle m'exprima le chagrin que lui causait » cette séparation, qui devait durer longtemps. C'était » encore mon amie qui avait intéressé cette dame à » ma position, voulant m'occuper et me faire com-

» prendre qu'il y avait en ce monde d'autres douleurs » que les miennes.

» Je fis ce portrait pour ainsi dire avec mon cœur. » Non-seulement il était ressemblant, mais les yeux » de la fille disaient adieu avec une tendresse pleine » de poésie : aussi me fallut-il peindre ensuite la » mère, les petits frères et les petites sœurs. Et ces » portraits m'en procurèrent d'autres. J'avais le mérite » de la ressemblance ; j'étais assez ignorante, comme » tu l'as écrit, pour ne pas faire de la science aux dé- » pens de ceux qui me confiaient leur visage. Je me » contentais de chercher la physionomie de chacun, » sa pose habituelle, mêlant adroitement le crayon, » le pastel et l'aquarelle, à la manière de Vidal, dont » j'avais vu un joli portrait à Toulouse.

» Je ne puis t'exprimer le bonheur que j'éprouvais » à gagner de l'argent, et à faire sortir une valeur de » mes doigts, et à employer cette valeur au bien-être, » à la parure de mes petites filles. De toutes les satis- » factions de la vie, je crois que c'est là la plus pure » et la plus douce ; chaque soir, il me semblait que » mon mari m'en remerciait, et je m'endormais heu- » reuse. Cela dura cinq ans. Nous vivions dans la mé- » diocrité, mais je n'enviais personne.

» Dieu voulut encore m'éprouver. Six semaines » passées auprès du lit de ma fille aînée, atteinte » d'une rougeole, avaient altéré ma santé. Il nous » fallut à toutes deux une année de convalescence, » pendant laquelle je ne pus toucher un crayon. Je » me suis vue, ma chère amie, en proie à ce supplice

» qu'on appelle besoin d'argent. Je voyais arriver » des notes que je ne pouvais payer, des besoins que » je ne pouvais satisfaire, des hontes, des privations... » Ce que j'ai souffert, je ne puis le dire. Je n'avais » pas la vanité de vouloir paraître riche, mais j'avais » l'orgueil de ne pas vouloir paraître pauvre. Quelle » lutte j'ai eu à soutenir contre les difficultés de » chaque jour! Je ne t'en dis pas plus; le récit de ces » choses-là, leur souvenir même, quand elles ne sont » plus, nous cause une espèce de frisson.

» Mes filles grandissaient. L'époque de leur pre- » mière communion était déjà venue. Tous les jours » je les conduisais deux fois à l'église; là, elles avaient » fait connaissance avec une autre jeune fille, Gene- » viève Stadmiski. De mon côté, j'avais échangé » quelques paroles avec sa gouvernante, personne » très-distinguée. Le comte Stadmiski possédait un » magnifique château aux environs de Toulouse. Il » était venu là chercher une distraction qu'il n'avait » trouvée nulle part. Il regrettait une femme morte, » après un an de mariage, en donnant le jour à Gene- » viève. Je le vis pour la première fois le jour de la » première communion : il fut, comme moi, profon- » dément touché de la cérémonie. Quand nous sor- » tîmes de l'église, il pleuvait; la gouvernante vint de » la part du comte nous offrir sa voiture, que j'acceptai. » Dès que nous y fûmes assises, il vint lui-même me » prier de partager une petite collation : « Nos en- » fants, dit-il, reviendront ensemble à l'église sans » être mouillées. »

» Nous étions si délicates alors que j'accueillis cette » proposition avec reconnaissance. Le comte savait » toute mon histoire. Ce qui était improvisé pour moi » ne l'était pas pour lui; tout était préparé pour me » recevoir. C'était le luxe porté à son plus haut degré : » le comte ne connaissait pas sa fortune. Après le » déjeuner, un rayon de soleil nous permit d'aller » dans le parc. Nous nous dirigeâmes vers un pavillon » délicieux, construit, comme son château, dans le » style du palais de Fontainebleau, mais sur une très- » petite échelle. Les touffes d'arbres qui l'entouraient » au midi et au nord en faisaient un séjour plein de » mystère et de charme. « A votre place, dis-je au » comte, j'habiterais ici, et je laisserais le château à » mes domestiques. — C'est ce que je ferai, me ré- » pondit-il, si vous me refusez le plaisir d'y venir » passer la saison d'été. Ce n'est pas une grâce que je » vous fais, c'est un service que je vous demande; ma » fille a besoin de la compagnie de vos aimables en- » fants : avec elles, voyez comme elle devient gaie et » rosée. »

» J'acceptai en regardant les joues de Geneviève; » j'avais aussi regardé les joues de mes filles.

» Le comte nous montra nos chambres, où l'air et » le soleil entraient à profusion. Le lendemain, nous » y étions installées. Je passai là tout l'été, et j'oubliai » si bien mes misères, que j'eus bientôt retrouvé ma » santé, c'est-à-dire ma jeunesse. Tu devines le reste. » Le comte se prit pour moi d'une passion extraordi- » naire. Il aimait beaucoup la peinture; son plus grand

» plaisir était de me voir faire des croquis de tous les » coins de son parc, de tous les endroits que nous » parcourions ensemble. Il les fixait lui-même et les » réunissait dans des albums splendides. Il avait une » riche collection de gravures et d'objets d'art; c'est » lui qui m'a appris à connaître les maîtres, et qui m'a » formé le goût. Nous nous complétions l'un l'autre : » il était connaisseur, mais il ne savait pas tenir un » crayon; moi, je pouvais manier un crayon, mais je » ne savais rien. Je fis de rapides progrès, grâce à ses » conseils. Quelle éloquence lorsqu'il parlait de l'art » et de tout ce qui est beau dans la nature! Avec sa » parole il peignait mieux que le plus grand artiste » avec ses pinceaux.

» D'un autre côté, il était pour mes filles d'une ten- » dresse et d'une générosité incroyables. Il semblait » vouloir leur payer la gaieté et la santé que Geneviève » avait trouvées dans leur compagnie.

» Tu comprends qu'après six mois passés ainsi c'eût » été nous arracher le cœur à tous que de nous sé- » parer. C'est alors que mon mariage avec le comte » fut décidé; cinq mois après, je l'épousai.

» Un autre jour, je te conterai comment nous avons » passé ces cinq mois, les plus beaux de ma vie.

» Il y a deux manières d'être aimée et d'être heu- » reuse, je les ai connues toutes deux. L'une ne » quitte jamais la terre, l'autre plane toujours au- » dessus. »

M. É. C.

LETTRE SIXIÈME.

LEÇON. — DES TONS DE CHAIR.

Nous allons, ma chère Julie, dessiner plusieurs têtes, les décalquer, non pas à l'envers, mais à l'endroit de notre papier à laver, et ensuite tendre la feuille sur le carton.

Les tons de notre palette doivent être rangés comme ils sont indiqués sur le modèle (1).

La feuille bien tendue, repassons sur le trait de nos têtes avec du bleu de cobalt et du brun rouge. Ces deux tons mélangés peuvent devenir vigoureux, mais ils ne sont jamais noirs ni durs; d'ailleurs ils tiennent peu au papier, et s'effacent aisément.

Nous modelons ensuite nos figures avec de l'indigo, comme nous les avons modelées en lavant avec du gris.

Nous en ferons de pâles et de vigoureuses.

Lorsqu'elles auront séché, nous passerons dessus un ton général. Ce sera le ton lumineux de la chair. Le teint des personnes brunes étant plus foncé que celui des personnes blondes, nous poserons les tons

(1) Il y a de nouvelles couleurs dans des tubes, qui sont excellentes aussi. Il ne faut mettre sur la palette que la moitié de la pastille.

foncés sur les têtes modelées vigoureusement et les tons clairs sur les autres. C'est avec l'ocre jaune et le vermillon que nous composerons les uns et les autres. Mais dans quelles proportions faut-il mélanger ces couleurs pour trouver le clair ou le foncé? Des essais sur le papier peuvent seuls l'enseigner. Regarde la nature, et cherche à l'imiter.

Quelquefois la laque en petite quantité réussit mieux que le vermillon; quelquefois aussi l'ocre seul suffit.

Le ton général séché nous donne la lumière et la demi-teinte.

Restent les ombres.

Le jaune de Naples mêlé avec un peu de terre de Sienne brûlée, voilà pour les ombres. Quelquefois la terre de Sienne peut être remplacée par un peu de vermillon ou un peu de laque.

Tous ces tons sont dans la nature. Il n'y a qu'à les chercher et à les appliquer d'une manière juste. Lorsque tu en as adopté un, pose-le hardiment sur toute la partie d'ombre, en ayant bien soin de ménager la demi-teinte qui lie l'ombre à la lumière. Ces tons d'ombres sont en même temps des tons de reflets. On les emploie, mais en les lavant moins, pour revenir sur les parties les plus vigoureuses. Ainsi l'ocre jaune et la laque donnent les grandes vigueurs qui se trouvent sous le nez, sous le menton et dans les oreilles. Veut-on plus de vigueur encore? on remplace l'ocre jaune par la terre d'Italie. On remplace aussi la laque par la terre de Sienne brûlée. Fais tes essais devant la nature; avec un peu de tact, tu trouveras les couleurs qu'il faut choisir, tu apprendras dans quelles proportions il faut les mêler. L'observation seule peut être ton professeur.

Elle te dira que c'est avec du vermillon ou de la laque en petite quantité que l'on compose le rose qui pare les joues de la jeunesse. Essaye encore; les joues de tes filles te serviront de modèles.

Quelquefois un ton de rose très-clair lie très-heureusement la demi-teinte avec la lumière. C'est ce qu'on remarque souvent dans les tableaux de Rubens.

Le brun rouge et le bleu cobalt servent à revenir sur les traits devenus trop clairs

C'est avec ces deux tons que l'on peint les yeux noirs.

Je n'ai pas besoin de te dire celui qu'on réserve pour les yeux bleus.

Le brun rouge peint les parties vigoureuses de la bouche, dont la lumière s'obtient avec du vermillon.

Voilà tous mes secrets, ma chère amie. Avec neuf tons, l'indigo, le brun rouge, le bleu de cobalt, l'ocre jaune, la terre d'Italie, le jaune de Naples, la terre de Sienne, le vermillon et la laque, on peut faire des chairs comme Corrége et Rubens; égaler la nature dans les plus charmantes créations; peindre en un mot ces belles jeunes filles brunes ou blondes, ces jolis enfants roses pour lesquels l'art de l'aquarelle semble avoir été inventé. N'est-ce pas merveilleux?

Note que je dis l'art de l'aquarelle. C'est qu'il ne suffit pas de connaître les couleurs, de savoir leur destination pour les harmonier comme la nature le fait; il faut l'observation, l'instinct, le goût unis à l'expérience. On fait trop cuit ou trop cru avec le meilleur des *Cuisinier bourgeois*, et l'on n'est pas bon cuisinier parce que l'on connaît les condiments d'un mets. (Pardonne si je vais chercher mes comparaisons à la cuisine; les peintres, qui ne sont pas ennemis de la bonne chère, ont presque tous la prétention d'y briller.) On devient potagiste, on naît rôtisseur, a dit Brillat-Savarin; je puis dire à mon tour : on devient dessinateur, on naît coloriste. C'est ce que mon fils, qui sort du collége, traduit par *nascuntur poetæ.*

Je ne m'adresse pas ici à toutes les intelligences comme en enseignant le dessin de mémoire. Le dessin est une langue que l'on parle avec plus ou moins de pureté, avec plus ou moins de style. Elle est nécessaire, toujours applicable utilement, comme la langue que nous parlons.

Mais la couleur, c'est la poésie, cet art divin, accessible seulement aux âmes d'élite, qui les émeut, qui les transporte, et qui enfante des chefs-d'œuvre.

C'est ce qu'il ne faut pas encore dire à tes filles; leur jeune cerveau pourrait s'exalter; tenons-les encore au régime de la prose tout en leur apprenant pas à pas les procédés de l'aquarelle, étude assez aride, mais qui les rompra de plus en plus au dessin de mémoire, qu'il faut qu'elles sachent avant tout et parfaitement. Je veux d'abord leur donner le nécessaire; plus tard, elles deviendront artistes, s'il y a lieu.

Tu me traiteras peut-être de rabâcheuse, ma chère Julie, en me voyant si souvent revenir sur le dessin de mémoire; mais que veux-tu! C'est en tremblant que j'écris ces lignes; je crains que Marie n'ait pas assez de volonté pour résister aux entraînements de la couleur, jusqu'à ce qu'elle puisse s'y livrer sans danger. Elle rentrerait dans la catégorie des talents avortés, et toute ma peine serait perdue. C'est à toi que je confie ces lettres, à toi, mère tendre et prudente; garde-les, comme tu gardes les romans que tes filles ne sont pas en âge de lire. La lecture en pourrait être aussi pernicieuse pour elles; elles iraient au roman et non à la réalité; tu ferais de faux peintres, comme les romans font de fausses femmes. Sois sage comme la nature, qui ne se presse jamais. Les élèves qu'on veut faire briller avant le temps sont comme les plantes de serre chaude, qui meurent dès qu'elles voient le jour.

M. É. C.

LETTRE SEPTIÈME.

OBSERVATIONS. — DE L'AIR. — DE L'ART DE S'HABILLER. — DE LA COULEUR DE CONVENTION.

Marie m'écrit qu'elle n'a pas de dispositions pour la couleur, et qu'elle a plutôt peur d'y toucher qu'envie de s'en servir. J'ai lu, ma chère Julie, ce passage de sa lettre avec plaisir. Cette timidité prouve qu'elle saisit les difficultés de l'art qu'elle étudie, ce qui est le propre d'un esprit observateur et réfléchi.

L'innocence donnant à manger à un serpent est un emblème dont peu de personnes comprennent la philosophie. Un peu plus, un peu moins, nous sommes des innocents dans mille occasions. Ceux qui sont doués de la faculté d'observer, de comparer, doivent remercier le ciel. Et quand même le dessin de mémoire ne nous donnerait que cette bonne habitude, il mériterait qu'on lui élevât des autels. Observation et comparaison, voilà toute la sagesse.

Je louerai donc Marie d'avoir remarqué que mettre de l'air derrière les figures est la principale difficulté d'un tableau. Elle s'en préoccupe beaucoup, et elle a raison. Demande-lui si elle a observé dans la nature, quand plusieurs personnes sont rassemblées dans un salon, comment le contour de chaque individu s'enlève sur le fond. Demande-lui si elle voit les silhouettes arrêtées pour ainsi dire avec un fil d'archal, comme dans les tableaux de certains peintres. Qu'elle suive alternativement le contour de chacun des personnages, elle reconnaîtra qu'il y a des endroits où le trait échappe à la vue, et se perd tout à fait dans l'ombre; mais elle le retrouvera très-franc un peu plus haut, très-légèrement indiqué un peu plus bas, variant ainsi tout autour de la figure. Eh bien, quel est l'endroit où l'air circule le plus? Derrière les parties du contour qui sont indécises. Plus on s'applique à l'enlever diversement sur le fond, plus on met d'air entre la toile et son personnage.

Paul Véronèse, qui a cette qualité par excellence, n'enlève souvent ces figures que par le ton. Il y a en effet des tons qui reculent et des tons qui avancent par leur propre valeur : ainsi le jaune, le blanc et le rouge prennent le devant sur le vert, le violet et le gris; le noir aussi vient en avant par sa vigueur. Généralement les couleurs composées cèdent le pas aux couleurs primitives : aussi, dans un salon, les femmes qui ne portent pas de couleurs franches sont-elles effacées par les autres; elles se trouvent toujours au second plan. L'art de s'habiller est le premier pas qu'on fait dans l'art de peindre. A la manière dont une femme porte les couleurs, on voit si elle a le sentiment coloriste. Tout le monde ne l'a pas. Par exemple, le rose et le bleu sont à la mode, toutes les femmes en portent;

eh bien, celles qui attachent des nœuds bleus sur une robe rose ont l'air commun ; tout au contraire, celles qui portent des roses sur une robe bleue ont l'air distingué. Pourquoi cela ?

C'est que la nature nous a donné cette leçon d'harmonie. Ce sont les roses qui s'enlèvent sur le ciel. De là le principe : peu de rose sur beaucoup de bleu. L'œil observateur, le coloriste sent cela sans savoir pourquoi. Il sait aussi que le vert s'harmonise avec toutes les nuances, parce que toutes les fleurs ont des feuilles vertes. Enfin le vert et le bleu ne vont pas ensemble. Regarde la nature : elle te donnera peu de fleurs bleues, et leurs feuilles ne sont jamais d'un vert franc.

Elle nous apprend tout lorsque nous savons la regarder. Une jolie toilette aujourd'hui serait une jupe de taffetas lilas clair avec un caraco lilas foncé, une collerette et des manches blanches, le tout relevé par un ruban ou une rose jaune. C'est la parure de l'iris. Asseyez-vous ainsi parée sur un canapé vert anglais ; et pour peu que vous soyez gracieuse, pour peu que l'iris ait parfumé votre toilette, vous paraîtrez très-jolie, surtout à ceux qui aiment les iris.

Que de charmantes harmonies sur les oiseaux et sur les fleurs ! Les coloristes se complaisent à en faire des études ; ils y trouvent leur gamme.

Voilà ce que fera Marie quand elle commencera l'aquarelle. Tout ce qu'elle verra autour d'elle dans les jardins, dans les champs, sur les arbres, se reflétera dans son esprit comme dans ses yeux. Ces fleurs qui volent, les papillons qu'elle aime déjà tant, lui deviendront encore plus chers. Il y a des chenilles dont elle enviera la beauté; elle enviera jusqu'à la mousse sur laquelle elles rampent, lorsque avec une loupe elle ira chercher des bonheurs dans les domaines de ces animaux que nous foulons aux pieds. Si Dieu nous avait donné des yeux pour voir les petites choses dans tous leurs détails, nous n'oserions plus faire un pas dans la campagne. Combien d'êtres sur cette terre ont le sort de ces plantes des champs qui vivent et meurent sans qu'on ait daigné les cueillir ni les regarder! au reste, ce ne sont peut-être pas les plus malheureux.

Les yeux jouent un grand rôle dans notre vie. C'est pourquoi je cherche à les perfectionner en les exerçant, en leur apprenant à voir, et à bien voir.

Mais revenons à la couleur. Tu veux savoir, chère amie, comment en peignant on pose le ton rose entre la demi-teinte et le clair. On le pose très-étroit à côté du bleu qui forme la demi-teinte. On formerait un arc-en-ciel en l'exagérant : aussi faut-il en être très-avare, et ne l'employer que dans certains endroits où l'on sent qu'il manque quelque chose. Au reste, quand tes filles copieront Rubens, il leur apprendra ce secret; car il est convenu qu'elles copieront Rubens.

Autant je trouve mauvais de copier à l'huile les tableaux à l'huile, autant je trouve utile de les copier à l'aquarelle. Voici ma raison :

La couleur à l'huile repousse. Il est des tableaux que le temps a rendus absurdes, incompréhensibles, où le vert a pris la place du bleu, le jaune celle du blanc, le noir celle du rouge. Ce n'est pas ceux-là que tes filles copieront. Mais il en est aussi dont le temps a heureusement fondu les tons, et qui sont restés dignes des maîtres qui les ont peints. Cependant il y a attaché une certaine crasse qui voile les couleurs et qui trompe la copiste en lui donnant une fausse gamme. Alors son jugement s'égare devant la nature, et il fait de la couleur de convention. Comme sa peinture s'encrassera de même avec le temps, avant peu d'années elle sera aussi noire que des tableaux de cent ans, tableaux peints avec des couleurs de bonne qualité, très-clairs, très-blonds, et qui pourtant n'ont pas échappé au malheur de noircir.

Comme, au contraire, l'aquarelle pâlit, on peut la tenir très-vigoureuse. Elle deviendra plus claire par la nature même de ses couleurs, qui sont transparentes sur le papier. C'est donc un excellent exercice que les études à l'aquarelle d'après les tableaux à l'huile des maîtres anciens et modernes.

Mais, ce qui va sans doute t'étonner, je ne permets pas à Marie de copier des aquarelles; je le lui défends, parce que j'ai observé que les élèves sont toujours disposées à imiter le coup de pinceau et à se l'approprier. Or, si j'ai une antipathie, c'est pour ce genre d'imitation qui tue toute originalité : aussi mes élèves ont un cachet qui leur est propre; elles n'ont le *faire* d'aucun peintre.

Celles qui peignent à l'huile commencent sagement par faire des copies d'après l'aquarelle. La manière de peindre étant différente, elles ne risquent pas d'emprunter la touche d'un autre; il faut que leur touche leur appartienne, si toutefois elles doivent en avoir une; c'est ce que nous verrons plus tard.

Commencez par l'aquarelle, vous toutes qui voulez arriver à la peinture; elle n'est pas plus facile à manier, mais on l'enseigne, on l'apprend plus aisément. Elle donne promptement des qualités qu'on cherche longtemps dans les ateliers de peintres; d'abord la précision, parce qu'il est impossible de revenir sur les chairs sans les gâter. Elle vous force même à colorer, parce que les préparations qui la précèdent sur le papier la rendent plus positive et lui impriment une grande vérité. Aussi rien ne réussit mieux aux peintres que de faire à l'aquarelle l'esquisse de leurs tableaux. A mesure que nous avancerons dans nos leçons, nous reconnaîtrons la vérité et les avantages de ce principe.

Avant d'en venir à la manière de peindre les étoffes, encore un mot sur les tons qui se marient. Reprenons les fleurs et composons des toilettes. Quel bel ajustement tu feras avec la pensée! Un manteau de velours violet, une robe de satin violet clair, un chapeau de satin jaune et de velours noir, avec des manchettes et une collerette blanches, voilà un beau costume sérieux. Comme la pensée n'a pas d'odeur, nous n'en mettrons pas.

Mais tu n'oublieras pas le parfum de la rose lorsque tu voudras te parer à son image avec une robe de taffetas vert foncé, un caraco vert tendre, un chapeau de paille orné de rubans roses, un nœud rose, les manches et la guimpe blanches.

As-tu remarqué comme le chapeau de paille complète toujours une toilette? La raison en est toute simple : presque toutes les fleurs ont un peu de jaune : aussi le jaune, comme le vert, produit-il un bon effet avec toutes les autres couleurs. N'es-tu pas indignée comme moi de l'audace des horticulteurs qui ont créé la marguerite double? Beau perfectionnement! La marguerite! la plus riante des fleurs! Ils en vont faire un pompon de garde national en lui ôtant le joli rond jaune autour duquel viennent se grouper ses pétales! ces pétales que nous arrachions un à un dans notre jeunesse pour savoir si nous étions encore aimées de la personne absente! Aujourd'hui il faudrait trois heures pour effeuiller une marguerite, trois heures pour savoir si l'on est encore aimée! Autant prendre le chemin de fer pour aller s'en assurer positivement.

C'est ainsi que de perfectionnement en perfectionnement la poésie s'en va de ce monde. Puisque j'ai parlé de chemins de fer, y a-t-il rien de moins poétique que ces longues boîtes à compartiments, roulant sans chevaux, si régulièrement, avec un bruit si monotone que, lorsqu'on arrive, on s'examine, on se tâte involontairement pour vérifier si l'on n'est pas tissé ou tricoté, devenu étoffe ou bas, tant on s'est senti passer de l'état d'homme à l'état de chose.

Mais cette lettre devient trop longue. Je te dis adieu, ma chère Julie, ainsi qu'à ces fleurs, à ces papillons, à ces oiseaux avec lesquels j'ai donné à tes filles le secret de combiner de jolies toilettes. Leur intelligence, ou plutôt leur coquetterie, pourra faire à chaque saison de nouvelles découvertes. Elles vont suivre un petit cours de botanique et d'histoire naturelle. Le but sera un peu frivole, il est vrai, mais pourquoi ne chercherions-nous pas à nous amuser en travaillant ? Le Créateur n'a-t-il pas mis le plaisir à côté des choses les plus sérieuses ? La famille existerait-elle sans l'amour ? Partant de ce principe, que je prends toujours à la grande source, nous apprendrons l'aquarelle, comme le dessin, en nous ennuyant le moins possible.

M. É. C.

LETTRE HUITIÈME.

LEÇON. — DES CHEVEUX.

Avant de nous occuper des draperies, occupons-nous des cheveux.

Les règles que je trace, ma chère Julie, n'ont été écrites nulle part. On ne les enseigne pas dans les ateliers. J'en dois la connaissance à mes observations devant la nature et à mes études dans l'exercice de mon art. Les élèves ne les comprendront bien qu'en les appliquant elles-mêmes; car il est impossible, en les expliquant, d'arriver à une parfaite précision, de fixer les doses des couleurs d'une manière exacte, en présence des variétés si diverses dans les nuances des objets. Il faut donc que l'expérience des élèves et leurs essais multipliés viennent en aide aux leçons du professeur.

Les cheveux blonds se modèlent avec un ton très-clair de noir d'ivoire et d'indigo. Quelquefois le noir d'ivoire, quelquefois l'indigo suffit. On passe dessus un ton général de jaune de Naples ou d'ocre jaune.

Lorsque le ton général, qui est le ton de la lumière, est fait avec de l'ocre jaune, les ombres s'obtiennent avec de la laque et du jaune de Naples; et lorsqu'il est fait avec du jaune de Naples, il faut, pour dessiner les couleurs, employer l'ocre jaune et la terre d'Italie.

Pour les cheveux châtains, il entre dans le ton général du jaune de Naples, de la laque et même du bleu de cobalt; et dans les ombres, de la terre d'Italie mêlée à ces premiers tons.

Les cheveux très-noirs, dont les lumières sont bleues, se préparent avec des tons chauds, tels que la terre de Sienne, la laque, le bitume. Le ton général se compose avec l'indigo, et on revient dans les ombres avec de la terre d'Italie et de la laque.

Règle générale : les cheveux chauds de ton se préparent avec des tons froids, et les cheveux froids de ton avec des tons chauds. Cette règle s'applique à toutes les préparations; elle seule suffirait pour guider les élèves que la nature a faites coloristes.

Il y a tant de diversité dans les nuances des cheveux, qu'il est besoin d'une grande intelligence pour varier la valeur des tons indiqués comme préparation. Par valeur des tons, on entend leur force relative. Quant au ton de la lumière, il faut le rendre tel qu'on le voit.

C'est surtout à présent, ma chère Julie, que tu vas reconnaître combien la précision du dessin de la lumière est essentielle. Une tête n'est ronde, tu le sais déjà, que si la lumière est parfaitement juste. Lorsque la mémoire de l'observation ne vient pas seconder l'intelligence de l'élève, les cheveux sont impossibles; car il est de toute nécessité que, du premier coup, sans tâtonnements, ils soient attaqués juste. Je te l'ai dit, c'est la grande difficulté de l'aquarelle, on ne peut corriger son dessin sans nuire à sa couleur.

Au reste, l'exercice du fusain apprend si bien à saisir la forme des lumières et des ombres, que, pour Marie et pour Élise, la difficulté ne sera plus qu'un jeu.

Tu remarqueras que les tons que je viens d'indiquer, sauf le bitume et le noir d'ivoire, sont les mêmes que ceux que nous avons employés pour les chairs. Et encore le bitume est quelquefois nécessaire pour le point visuel, et le noir d'ivoire se mêle à l'indigo, pour préparer les chairs très-blanches, comme celles des enfants de nos pays du Nord. Souvent donc les cheveux et les chairs peuvent se préparer ensemble; et même les ombres des cheveux sont les mêmes que celles des chairs dans les belles natures transparentes que Rubens s'est plu à représenter.

En passant des cheveux aux étoffes, nous retrouverons comme règle de dessin le même principe : la forme de la lumière indique la qualité. Plus les cheveux sont fins, plus ils sont brillants, par conséquent plus la lumière devient étroite. Dans le satin, les lumières sont aussi très-étroites, tes filles le savent. Aussi tout naturellement est-il passé dans le langage de dire des cheveux de satin. La forme de la lumière indique la qualité de l'étoffe, ai-je dit. Ce n'est pas, en effet, avec la couleur que l'on fait le satin ou la laine, c'est avec le dessin; n'as-tu pas vu tes filles faire des robes de satin avec le fusain, de même que les graveurs les font avec le burin?

Je te le répète, pour elles, qui ne toucheront la couleur qu'avec une parfaite connaissance du dessin, l'aquarelle aura peu de difficultés. Elles feront des études qui étonneront les premiers artistes; car, soit dit entre nous, avec mes principes bien compris et bien appliqués, si mauvaise que soit une aquarelle, on ne croira jamais qu'elle est l'œuvre d'une élève. Tes filles ne seront peut-être pas coloristes, peut-être n'atteindront-elles pas à la poésie de la couleur, comme les maîtres; mais elles auront toujours beaucoup appris; elles apprécieront les chefs-d'œuvre de l'art. L'élégance, la distinction de leur toilette et de leur maison seront remarquées; car, dès qu'il s'agit de traiter une affaire de goût, le dernier des peintres est encore le premier des hommes du monde.

Qu'Élise, ton sculpteur, n'aille pas se croire dispensée de l'aquarelle. Les sculpteurs qui savent peindre savent colorer leur sculpture. Vois Michel-Ange. Séparer, dans l'éducation, la couleur du dessin, serait une erreur. De ce qu'on apprend, il reste toujours plus qu'on ne pense : la semence qu'on croit perdue dans la terre lève tôt ou tard. Les leçons prises dans la jeunesse ont des racines comme cette amitié de pension qui ne finira qu'avec nous.

M. É. C.

LETTRE NEUVIÈME.

OBSERVATIONS. — LES FEMMES BRUNES ET LES FEMMES BLONDES. — LES HOMMES GRANDS ET LES PETITS HOMMES. — LES CONTRAIRES.

Tu me reproches, ma chère Julie, d'avoir oublié les cheveux roux. Cet oubli est presque de l'ingratitude ; car rien ne me semble plus joli que des cheveux d'un brun roux, avec des yeux noirs et des cils noirs. Mais d'où vient que c'est une beauté contestée? Pourquoi cette belle couleur, admirée dans les étoffes, dans les fleurs, dans le ciel, est-elle condamnée lorsqu'elle prête son éclat à la chevelure? N'est-elle pas aussi l'œuvre de Dieu ? Il y a là un préjugé que je ne m'explique pas. Faut-il croire qu'elle a d'abord été regardée comme un grand privilége, mais que plus tard les bruns et les brunes, les blonds et les blondes, qui sont en majorité, l'ont jalousée et discréditée?

Les peintres ne sont pour rien dans cette injustice; presque toujours leurs femmes sont blondes ou rousses, leurs enfants blonds ou roux. Ces tons, en effet, s'harmonisent mieux avec les chairs délicates : il en résulte un ensemble plus doux à l'œil.

Cependant on se trompe lorsqu'on s'imagine, en

adoptant cette couleur, peindre des êtres faibles. On peint des êtres gracieux, voilà tout. Généralement les blondes ont plus de volonté que les brunes; ce qu'elles veulent, elles le veulent mieux, mais elles le veulent avec une douce volonté qui n'effarouche pas les hommes, dont ils ne se doutent même pas. Le mari d'une femme blonde a la certitude d'être le maître, et souvent il ne l'est pas, tandis que le mari d'une femme brune, qui craint toujours de ne pas l'être, l'est presque toujours. Ne dit-on pas en voyant une brune aux yeux noirs : « Voilà une luronne qui doit mener son mari par le bout du nez! » On sera toujours dupe des apparences.

Il en est de même des hommes, de ceux qui par leur moral et leur physique méritent véritablement ce nom. Les hommes d'élite ne chicanent jamais leurs femmes au sujet de leur autorité; au contraire, ils aiment assez à se laisser conduire par elles, pourvu que ce soit doucement et qu'ils ne sentent pas leur chaîne. Il est si naturel d'obéir à l'être faible qu'on protége, d'élever celle qu'on aime par cette condescendance de chaque jour, en la rendant heureuse, en flattant son orgueil! Les hommes nuls, au contraire, veulent être les maîtres; il leur faut une supériorité quelconque, et ils s'honorent du nom de tyrans domestiques. D'un autre côté, les hommes d'une grande taille ne sont-ils pas presque toujours très-doux avec leurs femmes? Ils ont la conscience de leur force et n'ont pas besoin de grossir leur voix et de froncer les sourcils pour prendre des airs de maître. Il n'en est pas de même des petits hommes, qui aiment à rattraper ce qui leur manque physiquement par cette hauteur et cette roideur de caractère que j'appelle le despotisme conjugal, et qui fait du ménage une véritable guerre civile. Mère intelligente de deux filles créées à ton image, tu te garderas bien, j'en suis sûre, de les marier à des imbéciles ou à des avortons. Il est dans la nature de ces monstres de chercher toujours à se venger de leur infériorité.

Cependant on peint la faiblesse blonde et la force brune. Dans les images de la légende, Barbe-Bleue a une taille colossale; de Cléopâtre, qui était mignonne, j'ai vu un portrait qui avait cinq pieds six pouces. Les peintres futurs ne manqueront pas de faire de Napoléon un géant. Et déjà, vois ce qu'en a fait Gérard en peignant le passage des Alpes : un cavalier conduisant avec vigueur un cheval fougueux, au lieu d'un petit homme mélancoliquement assis sur une mule. Et il en doit être ainsi. L'art n'a pas mission de rectifier les erreurs populaires. Il accepte les préjugés et observe les apparences, qui souvent sont des préjugés elles-mêmes. En un mot, il ne touche qu'aux choses visibles et ne parle qu'aux yeux, sans heurter les idées reçues. Ainsi, aux grands hommes, aux héros, la peinture et la sculpture, belles menteuses, donnent de nobles formes, l'aspect de la force et de la grandeur, quoique la nature, qui se plaît dans l'opposition des contraires, les ait faits chétifs et de petite taille.

Mais cette loi des contraires dans le monde matériel

est aussi la nôtre, car il nous en prendrait mal de ne pas suivre la nature. La couleur surtout vit d'oppositions. Et pour parler des cheveux roux, qui ont amené cette longue digression, sais-tu ce que nous employons pour les modeler? L'indigo. Or, la couleur la plus opposée au rouge, c'est le bleu. L'harmonie des tons est dans les contrastes. Tu te rappelles nos études sur les fleurs? Dans celles qu'on nomme *ne m'oubliez pas*, qui sont d'un beau bleu, nous avons trouvé des étamines orange, et admiré l'heureux effet qui résulte de ce mariage.

Dans un tableau, comment placerait-on plusieurs personnages les uns à côté des autres, si l'on n'observait les mêmes harmonies? C'est la règle constante de Paul Véronèse et du Corrège. Lorsque tu viendras à Paris, tu conduiras tes filles devant les tableaux de ces maîtres. Les *Noces de Cana* et l'*Antiope*, chefs-d'œuvre de couleur, leur sembleront avoir emprunté aux fleurs l'heureux choix de leurs tons, tant ils sont en même temps colorés d'effet et d'harmonie. Dans l'*Antiope*, elles verront, ainsi que je l'ai dit dans ma deuxième lettre, comment la lumière va en se dégradant peu à peu, à partir du point le plus lumineux, que nous appelons le soleil. Dans les *Noces de Cana*, même effet; seulement, la composition étant immense, la lumière a plus d'étendue et s'ordonnance admirablement en rebondissant sur d'autres points moins lumineux.

Que d'amateurs ont passé devant ces toiles sans comprendre le génie qui les a animés! Que d'artistes même n'en ont apprécié les qualités éminentes qu'après des années d'études! C'est qu'aujourd'hui il n'y a véritablement pas d'éducation pour l'artiste. Chaque peintre te dira qu'il a inventé la peinture, qu'on ne lui a rien enseigné. Ce n'est que trop vrai. Mais la faute en est aux élèves, ou plutôt au siècle. Depuis qu'on ne respecte plus les rois, les maîtres ne sont plus respectés. L'orgueil nous a monté à la tête. Autrefois les maîtres aimaient à initier leurs jeunes apprentis à tous leurs secrets, ils en faisaient leurs aides; il y avait entre eux l'amitié du père et de l'enfant; l'élève travaillait au tableau de son professeur, et ne se croyait pas professeur pour cela. Aujourd'hui, si un élève touche au tableau de son maître, il va disant partout que c'est lui qui a fait le tableau. Il en résulte que le lien qui les unissait est bientôt rompu. Le jeune étourdi est abandonné à ses propres ailes, et, comme l'oiseau sorti trop tôt du nid de sa mère, va de chute en chute à la plus triste fin.

Voilà pourquoi l'art moderne est au-dessous de l'art ancien.

Et la société, que devient-elle? L'égalité devant la loi est un admirable principe; en voulant l'étendre à tout, on en a fait une absurdité. La nature n'a pas fait les hommes égaux : elle a créé le fort pour protéger le faible, le faible pour aimer le fort. Le nouveau système d'égalité ne fait que des envieux : plus de respect, partant plus d'affection, car il n'y a aucune espèce d'amour sans le respect.

Un espoir nous reste : la raison humaine, qui a ses

jours d'égarement, ne peut manquer de rentrer dans le droit chemin. Déjà un ministre n'écrit plus à son employé : « Citoyen, je te révoque de tes fonctions. » Salut et fraternité. » Ce qui voulait dire : « Je te » condamne à mourir de faim. Ton frère. »

Il nous est peut-être donné, chère Julie, de venir en aide à la société malade. Emparons-nous des arts, aujourd'hui dédaignés pour la politique ou les entreprises aventureuses. Sans faire de tes filles des bas-bleus, apprenons-leur à créer de petits chefs-d'œuvre qui ramèneront les hommes au désir d'en créer de grands. L'amour des arts, les douces jouissances qu'ils procurent les ramèneront à la société des femmes, dont ils s'éloignent de plus en plus, et il ne sera pas dit que les Françaises auront laissé les Français devenir des Anglais.

M. É. C.

LETTRE DIXIÈME.

LEÇON. — LES ÉTOFFES NOIRES ET BLANCHES.

Tu sais, ma chère Julie, qu'on dit toujours : « Je » vais prendre une robe de couleur, » lorsqu'on quitte une robe blanche ou noire. En effet, le blanc et le noir sont l'absence de toute couleur. Cependant, pour me faire comprendre, je serai obligée de dire : couleur noire, couleur blanche, quoique ce soit un nonsens.

Les ombres du noir et du blanc sont très-colorées.

Ma règle de l'harmonie des contraires va t'apparaître dans toute son évidence.

Les étoffes blanches se préparent avec un ton gris de noir d'ivoire. L'opposé du blanc, c'est le noir certainement. Ne dit-on pas : passer du noir au blanc pour dire : changer du tout au tout?

Tes filles, qui sont dociles, qui savent que chacune de mes leçons a son utilité positive, et qu'il serait impossible, après en avoir négligé une, de comprendre la suivante, tes filles savent presque exécuter les étoffes blanches, puisque, selon mes prescriptions, elles ont lavé des draperies d'après leurs gravures anciennes.

Étendre la demi-teinte grise de noir d'ivoire partout, en réservant exactement la lumière, voilà le procédé pour laver les blancs.

Les étoffes brillantes, telles que le satin, ont les ombres vigoureuses; la lettre neuvième du *Dessin* nous l'a dit. Or les ombres vigoureuses s'obtiennent avec un peu de bitume auquel on ajoute un peu de jaune de Naples dans les ombres reflétées. Quelquefois la terre de Sienne brûlée remplace le bitume.

Les blancs s'exécutent tels qu'on les voit. On les prépare, comme je l'ai dit, avec du noir d'ivoire, qui donne un ton gris. La préparation des ombres est le ton opposé à la lumière. C'est toujours notre règle des contraires, observée par tous les coloristes.

Quand le blanc est doré, comme dans les laines, on prend un ton général d'ocre jaune ou de jaune de Naples. Alors la préparation doit être mélangée de noir d'ivoire et d'indigo.

Des blancs, passons aux noirs; ce sont deux tons maîtres. Plus loin, je te dirai pourquoi on les appelle ainsi.

Les étoffes noires se modèlent avec des tons très-chauds, tels que le bitume, la laque, la terre de Sienne brûlée. Lorsque la draperie est bien modelée, bien dessinée avec un de ces tons, on cherche le ton de la lumière. Plus la lumière est froide, plus la préparation doit être chaude.

Le ton de la lumière doit être posé sur toute la draperie. C'est pourquoi nous l'appelons le ton général.

Lorsqu'il est bien sec, chose essentielle, on revient dans les ombres les plus vigoureuses avec les mêmes tons. N'oublie pas qu'il faut arriver au noir sans noir. Le noir ne s'emploie que dans la lumière. Note bien cette observation, qui est importante.

Dans les étoffes de satin, les lumières sont blanches. C'est la demi-teinte qui donne le ton. Ceci est une règle générale que je ne répéterai pas.

Ainsi, après avoir attaqué les ombres, on passe un ton général sur le tout, en ménageant les petites lumières avec soin. Ce ton général devient demi-teinte, et cependant il est toujours le ton de l'étoffe : il est rose si le satin est rose; il est noir si le satin est noir.

Pour le velours noir, la préparation se fait avec les mêmes tons chauds; mais, au lieu d'employer légèrement le noir d'ivoire pour poser le ton général, on emploie le noir de pêche un peu foncé. Il faut toujours revenir avec des tons chauds dans les parties très-vigoureuses. Les lumières du velours sont exceptionnelles : on les enlève en dessinant avec de l'eau au bout d'un pinceau, et en frottant avec du linge. Le noir de pêche tient très-peu au papier, et disparaît tout de suite pour laisser une lumière telle que le velours la demande. On l'obtient plus ou moins brillante par la manière dont on l'enlève. Par exemple, si l'on mouille une seconde fois et qu'on laisse un peu sécher en frottant avec force, on obtient un blanc pur.

C'est l'expérience qui donne la science. Aussi, ma chère Julie, je te recommande de faire prendre à tes filles un morceau de chaque étoffe pour essayer elles-mêmes chaque procédé. Je ne puis entrer dans une foule de petits détails. Quoi que je fasse pour être claire, je sens que ces arides leçons ont besoin d'être mises en pratique pour être comprises. Je ne puis que mettre mes élèves dans le bon chemin; leur intelligence les guidera.

Ainsi, comment expliquerai-je le reflet? Il varie d'abord suivant l'étoffe, ensuite suivant l'objet qui reflète. Je ne puis donc indiquer sa couleur, je dois me borner à dire qu'il s'enlève quelquefois en procédant comme pour le velours, d'autres fois en gouachant, c'est-à-dire en passant un ton clair sur un ton vigoureux, comme dans la peinture à l'huile.

Le blanc, le jaune de Naples, le vermillon, le bleu de cobalt, le brun rouge, l'ocre jaune, etc., sont des couleurs qui servent à gouacher; en les mélangeant avec d'autres, on obtient les tons de reflet que l'on désire. C'est encore une règle générale sur laquelle je n'aurai pas besoin de revenir.

Je t'ai dit, chère amie, que le noir et le blanc étaient deux tons maîtres. C'est qu'avec eux seuls on peut faire un tableau. De grands peintres l'ont prouvé : Van Dyck, entre autres, a fait des chefs-d'œuvre avec des personnages vêtus tout en noir et en blanc. Ce sont deux couleurs si puissantes, qu'on peut dire que les femmes qui s'habillent avec les autres couleurs se sacrifient à celles qui sont en blanc ou en noir. Ce n'est certainement pas leur intention, tu le sais aussi bien que moi; mais on s'ennuie de la robe blanche et de la robe noire, et on cède à un besoin irrésistible de changement. La femme est ainsi faite : elle quitte une robe qui lui sied bien pour une robe qui lui sied mal, mais elle a un autre air. Elle s'habille rarement deux jours de suite de la même façon; ne changeât-elle qu'un ruban, il faut qu'elle le change. De là la grande variété de nos modes, tandis que le costume de ces messieurs diffère chaque année tout au plus d'un gilet court à un gilet long, d'un chapeau de forme haute à un chapeau de forme basse. Et ils n'y changeront rien lorsque nous seront à leurs bras vêtues à la grecque, ce qui arrivera incessamment. Oui, chère amie, il paraît que nous allons revenir à la beauté naturelle, à la beauté des grandes lignes, et à donner à nos maris le plaisir d'adorer leurs déesses dans leur vrai costume. Sur ce, je t'embrasse.

M. É. C.

LETTRE ONZIÈME.

OBSERVATIONS. — DU DESSIN DANS LA COULEUR. — DE LA COULEUR DANS LA SCULPTURE.

Je suis heureuse, ma chère Julie, que ton expérience vienne seconder la mienne dans la tâche que j'ai entreprise. Nos études sur l'aquarelle te font comprendre de plus en plus combien il importe de savoir parfaitement dessiner avant de prendre un pinceau. Je le vois, car tu t'effrayes de toute la science qu'il faut avoir pour ne pas gâter la forme en y mettant la couleur, et tu as bien raison.

La couleur est par elle-même très-délicate : elle doit être maniée franchement. Si la couleur n'indique pas la forme avec justesse, on risque en corrigeant la forme de perdre la couleur ; car, de même qu'il y a des bosses et des trous qui sont tout le dessin, il y a aussi des tons qui reculent et des tons qui avancent, lesquels sont toute la couleur.

La couleur peut donc détruire le dessin et le dessin la couleur.

C'est la grande difficulté de les faire marcher ensemble qui a formé deux écoles : celle des dessinateurs et celle des coloristes. Les uns sacrifient au dieu du dessin, les autres au dieu de la couleur. Il n'en serait pas ainsi si les uns et les autres savaient parfaitement dessiner de mémoire. Mais, comme je l'ai dit, les moyens employés jusqu'à présent pour enseigner le dessin exigent trop de temps. En outre, on n'a pas fait de cet art, comme de l'art de parler et d'écrire sa langue, une des bases de l'éducation. Sans doute, on n'est pas peintre parce qu'on sait dessiner, de même qu'on n'est pas poëte parce qu'on sait écrire. Il est donné à tous de pouvoir tenir une plume, un crayon; mais il est donné à un petit nombre d'avoir de l'imagination, du génie. Si des idées de poésie se développent chez un homme, s'il se sent poëte, il n'a pas besoin d'étudier la grammaire; il sait écrire sa langue; il peut prendre son essor; rien n'arrête son génie. Au contraire, lorsqu'un homme se sent peintre, il faut qu'il commence par étudier la grammaire de son art, car il ne sait pas dessiner. Eh bien, de deux choses l'une : ou son génie l'empêche d'étudier utilement, ou ses études glacent son génie. Car il y a deux âges bien marqués chez l'homme : celui où il prend, celui où il donne. Durant le temps de sa croissance, il se nourrit des idées des autres; alors il apprend. Mais une fois sa croissance arrêtée, il veut produire; alors il n'apprend plus. C'est l'ordre de la nature; il faut s'y soumettre.

De là je conclus qu'il est nécessaire que le dessin soit sérieusement appris dans la jeunesse, et qu'il devienne un art populaire, comme l'art d'écrire.

Le gouvernement devrait y songer.

D'où vient la décadence des arts? De ce que depuis longtemps on jette chaque génération sur une seule route, celle de la littérature. Il y en a une autre, celle des arts, qui peut s'ouvrir à beaucoup d'intelligences; on ne l'indique même pas à la jeunesse, tandis qu'on devrait lui en faciliter l'accès. Les arts ne portent pas les peuples à la turbulence. Ils les rendent heureux et célèbres.

Moi, peintre, j'ai peine à m'expliquer cette préférence exclusive pour l'art d'écrire, quand je pense que de tout l'héritage des premiers peuples il ne nous reste que des objets d'art, des monuments, que nous cherchons, que nous conservons à grands frais. C'est par eux que nous distinguons, dans l'antiquité, les nations civilisées, et que nous parvenons à retrouver leur histoire. Et de tous ceux qui les étudient et les admirent, soit dans les pays étrangers, soit dans nos musées, nul ne vient dire aux ministres de l'instruction publique : « Faites enseigner le dessin dans tous » vos colléges, non, selon le caprice des élèves, » comme art d'agrément, mais sérieusement, comme » art utile. » L'art parle quand l'histoire est muette. L'histoire de la tour de Babel doit se renouveler à des intervalles que Dieu a fixés. Après chaque confusion des langues, que peut-il rester du passé? Des édifices, des objets d'art, qui seuls parlent aux yeux, renouent la chaîne des temps, et par la tradition continuent l'humanité.

Il ne faut pas qu'à la lecture de ces lignes, Élise, notre élève sculpteur, cède au désir de modeler. Le temps n'en est pas encore venu. Nous devons tenir avec fermeté à ce qu'elle apprenne l'aquarelle. Qu'elle sache que peu de leçons suffiront plus tard pour lui enseigner le modelage. J'ai connu un peintre qui, n'ayant jamais manié ni la cire ni la terre, a fait, du premier jet, la statue d'un sculpteur son ami. C'était le sculpteur qui servait de modèle et posait le mouvement; de sorte qu'il a vu créer à la fois son chef-d'œuvre et sa réputation. Ce sculpteur avait modelé avant de dessiner. Qui l'imitera sera semblable au peintre qui colorie avant de dessiner : il n'apprendra jamais le dessin; et le sculpteur sans le dessin n'est qu'un praticien. Il lui faut mesurer au compas les longueurs et les largeurs.

Dans son génie étroit, il est toujours captif.

Si positif que soit le modèle avec la terre, il a sa poésie. Là encore, il faut savoir, et bien savoir, pour créer, pour composer. Quel génie résisterait à la préoccupation de chercher les procédés, d'étudier le matériel de l'art? Te figures-tu Michel-Ange et Benvenuto occupés à mesurer avec un compas la longueur d'une jambe ou l'espace compris entre les deux yeux? Phidias, qui a fait toutes ses têtes très-petites, Jean Goujon, toutes ses jambes très-longues, songeaient bien vraiment à prendre des mesures! Ils cherchaient l'élégance, et ils la trouvaient.

Dans la sculpture, il faut observer que le marbre et le plâtre font paraître les objets plus gros; le bronze, au contraire, plus minces. La couleur matérielle faisant défaut au sculpteur, comment y supplée-t-il? Il n'a qu'un moyen : la couleur sans couleur ou la couleur lumineuse, comme tu voudras l'appeler. Ainsi il colore une statue, un groupe, un bas-relief, par la manière savante, originale, avec laquelle il lui fait recevoir la lumière et projeter ses ombres. Des masses lumineuses, de larges ombres, des trous noirs, combinés avec l'intelligence du coloriste, équilibrés avec l'œil du dessinateur, donnent à une œuvre cet aspect saisissant qui attire les regards et gagne les suffrages.

Élise aura cette habileté en modelant avec la terre, lorsqu'elle l'aura acquise en dessinant avec le crayon, en colorant avec l'aquarelle. Elle ne tombera pas dans cette sculpture sans art qui ne cause aucun plaisir à celui qui la voit, qui n'apporte aucun honneur à celui qui la fait, aussi ennuyeuse et moins exacte que le moulage. En sculpture comme en peinture, je le répète, c'est l'œil qui parle à l'œil, le sentiment qui parle au sentiment, et non la science qui parle à la science. Nous vivons dans une ignorance complète de nos muscles, et cependant il y a des artistes qui s'appliquent à faire paraître qu'ils les connaissent tous. J'appelle cela de la sculpture, de la peinture de médecin. Il est vrai qu'il y a aussi des critiques qui donnent particulièrement leur attention à ces aimables qualités, et qui sont heureux de pouvoir dire devant un tableau : « Voilà un homme qui ne peut pas vivre, son apophyse mastoïde ne peut pas fonctionner. » Cette manie d'arracher les chairs pour voir si le squelette est bien là est aussi absurde chez l'artiste que chez l'amoureux qui traiterait ainsi sa fiancée. Les belles peintures, les belles sculptures ne sont pas plus que les belles jeunes filles faites pour être disséquées. Sachons plaire, voilà notre loi et notre but. Tout l'art est là.

M. É. C.

LETTRE DOUZIÈME.

LEÇON. — DES ÉTOFFES DE COULEUR.

L'harmonie des fleurs m'a enseigné le principe de l'harmonie des contraires.

Ainsi que je l'ai déjà dit, je me sers du bleu pour la préparation du rouge. C'est avec l'indigo que je modèle la draperie si je veux faire une étoffe de laine écarlate. Je passe ensuite un ton général de laque par-dessus lequel je frôle du vermillon. On frôle le vermillon en le prenant bien sec au bout de son pinceau, de manière à n'en pas poser partout sur le papier. Il n'y a pas d'autre moyen de bien imiter le grain de la laine.

Je reviens dans les endroits vigoureux avec de la terre de Sienne brûlée, et quelquefois du bitume.

Pour les étoffes de soie, je n'use pas du ton de laque, mais je passe tout de suite partout le ton général écarlate, à moins que les lumières ne soient blanches, comme dans le satin. Or, je t'ai dit plus haut comment on les réserve.

Quelquefois les lumières sont d'un blanc doré. On les dore alors par un ton général avant de poser celui de l'étoffe.

Les étoffes bleues se modèlent au contraire avec des tons rouges, de la terre de Sienne brûlée ou de la laque;

Les roses pâles, avec du gris-bleu très-clair;

Les bleus pâles, avec des tons roux clairs.

Je t'ai fait remarquer que presque toutes les fleurs ont des feuilles vertes et un peu de jaune, et que le jaune et le vert s'harmonisent avec toutes les autres couleurs. Il s'ensuit que les ombres du jaune et du vert se modèlent avec tous les autres tons, et qu'on obtient des résultats d'une variété étonnante, car tous les verts et tous les jaunes ne se préparent pas de même.

Passons aux teintes neutres, qui dérivent toujours des tons primitifs.

Le gris, qui dérive du bleu, se prépare avec de la terre de Sienne. Ainsi, le gris et le rose vont bien ensemble.

La couleur café, la couleur écrue, qui dérivent des rouges, se préparent avec des bleus.

Toujours, si la lumière est d'un ton chaud, l'ombre est d'un ton froid; si la lumière est d'un ton froid, l'ombre est d'un ton chaud. Ce principe s'applique à tout ce qui a une couleur, bois, métaux, plantes, etc.

Tes filles ne s'ennuieront pas en faisant des études de toutes les couleurs avec des morceaux d'étoffes. Au contraire, grâce à cette facilité que donne l'aquarelle de faire passer le ton de la lumière par-dessus le ton de l'ombre, elles trouveront des tons d'une si belle qualité et d'une si grande vérité, qu'elles en seront émerveillées. L'aquarelle rend coloriste, t'ai-je dit. Comment ne le deviendraient-elles pas à la suite des expériences souvent si heureuses que l'on fait en l'étudiant ?

Elles auront aussi à chercher le ton de la lumière avec beaucoup de soin. Qu'elles fassent leurs essais sur le garde-main. Quelquefois il faut mélanger plusieurs tons pour en former un seul.

Je ne te dirai pas qu'avec du bleu et du rose on fait du violet, et qu'avec du jaune et du bleu on fait du vert. Les enfants, en coloriant des gravures, apprennent d'eux-mêmes tous ces mélanges de tons primitifs qui donnent les tons composés. En un mot, ils savent trouver le ton de la lumière. Ce que j'ai cherché à t'enseigner jusqu'ici, c'est la science des ombres et l'harmonie des lumières entre elles. Eh bien, de l'harmonie des lumières dérive l'harmonie des ombres; tu le vois à chaque pas.

Tu demanderas sans doute comment je ferai du violet, qui se compose d'un ton chaud et d'un ton froid. C'est le résultat qui me guide : comme il est froid, je prépare avec un ton chaud. Il en est de même du vert et de bien d'autres couleurs.

Pour les étoffes rayées ou à ramages, la draperie doit recevoir d'abord la couleur du fond de l'étoffe; on pose les raies ou les ramages par-dessus. Les raies bien dessinées, bien indiquées, font tourner le pli. Il en est de même des ramages : aussi ne faut-il pas les peindre avec précipitation et sans observer les raccourcis.

Quand on sait peindre les étoffes avec les préparations que j'ai indiquées, on sait, ma chère Julie, préparer tout ce qui a une couleur; on peut surmonter une très-grande difficulté pour l'exécution des ombres, lorsque plusieurs objets de même couleur se trouvent les uns à côté des autres. Par exemple, prenons-les jaunes : un parquet jaune, une chaise de paille, une robe jaune, un cadre doré. Tous ces objets, l'un à côté de l'autre, diffèrent par la lumière et par l'ombre. Eh bien, en les modelant, nous posons notre ton plus ou moins foncé, selon la valeur des couleurs. Ce ton général de la lumière qui revient par-dessus tout, n'étant pas du même jaune, varie tout naturellement le ton de l'ombre. De là il résulte que chaque ombre appartient bien à sa lumière. Dans la peinture à l'huile, il est très-difficile de trouver ces différents tons.

Rien de plus essentiel, ma chère Julie, que de faire des études de tous ces objets les uns après les autres, et d'essayer ainsi plusieurs tons bleus, plusieurs tons rouges, plusieurs tons verts.

Mais rappelle-toi que le jaune et le vert donnent plus de variété dans la préparation des ombres, parce qu'ils s'harmonisent avec toutes les couleurs. La nature les place presque partout. Les fleurs sont là pour le prouver, et tu me pardonneras d'y revenir.

Ce sont elles aussi qui te donneront la couleur qui se marie avec une autre et qui sert en même temps à la préparer. Par exemple, le violet foncé et le violet clair de la pensée se préparent avec de la terre de Sienne brûlée; nous trouvons précisément le ton de la terre de Sienne brûlée au milieu de cette fleur. Les combinaisons des fleurs doivent être gravées dans la mémoire comme le dessin. Il faut faire des études, des essais de toutes les couleurs et de toutes les nuances, pour les répéter ensuite de mémoire. Il y a un véritable plaisir à étudier, en modelant les chairs, toutes les gammes de bleu et de gris, et ensuite toutes les gammes de lumière qui reviennent par-dessus, ainsi que les tons d'ombre et de reflet.

J'espère, ma chère Julie, que vous allez, sans vous presser, vous livrer à tous ces exercices. Votre imagination n'attend pas la couleur pour composer. Faites cependant des tableaux au fusain, ou bien lavez-les au noir d'ivoire, et puis, plus tard, vous les reproduirez à l'aquarelle. Livrez-vous exclusivement à la couleur sans couleur jusqu'à ce que vous soyez parfaitement maîtresse de votre couleur et de votre pinceau. Votre première aquarelle sera un coup de maître, je vous en réponds, comme de mon amitié.

M. É. C.

LETTRE TREIZIÈME.

OBSERVATIONS. — DE LA TOUCHE. — DU MOUVEMENT ET DE LA FORME.

Tu me plains, ma chère Julie, en pensant à ce qu'il m'a fallu de patience pour écrire ce qui précède, et tu crains que je n'aie pas le courage de mener mon entreprise à sa fin. Tu te dis sans doute : « Quand il faudra mettre un personnage dans l'ombre, ce seront d'autres leçons : d'autres leçons pour les cheveux, d'autres leçons pour les draperies, etc. » Rassure-toi. L'aquarelle fait des miracles. Elle sait, en un clin d'œil, faire passer tout un personnage dans l'ombre, de manière à étonner ceux-là même qui l'apprennent : c'est un grand avantage qu'elle a sur la peinture à l'huile. Aussi, lorsqu'on sait peindre l'aquarelle, on peut peindre à l'huile ; tandis que quand on sait peindre à l'huile, on ne peut pas peindre l'aquarelle.

Le métier dans l'une et dans l'autre peinture, je le considère comme peu de chose. N'avoir pas de métier, c'est déjà une originalité. Sans métier, on acquiert une touche naïve qui vous est particulière et qu'une certaine maladresse ne gâte pas, quand le sentiment s'y trouve. Je la compare à la maladresse des enfants, qui a tant de charme. Je ne condamne pas l'habileté ; mais je veux qu'elle vienne de l'adresse qui vous est propre. En un mot, je veux que votre peinture soit votre personne. Vous peignez adroitement, comme vous mangez adroitement. Rubens devait tout faire avec adresse.

Si j'exige que les élèves peignent l'aquarelle d'après les tableaux à l'huile, et les tableaux à l'huile d'après les aquarelles, c'est pour qu'elles ne copient pas la touche, habile ou non, de tel ou tel maître, laquelle n'est souvent qu'une affaire d'école. Rendre la touche d'un peintre, c'est le singer ; chose aussi ridicule que d'imiter les manières d'un autre, de prendre son accent. En agissant ainsi, on n'est pas soi, on n'est rien.

Entendons-nous cependant. Lorsqu'on se destine à être copiste, c'est autre chose. Il faut alors se faire l'esclave du maître que l'on a à reproduire. Tu sais qu'il y a certaines organisations qui imitent parfaitement les comédiens, leur son de voix, leurs gestes, leur démarche. C'est un don particulier. On peut aussi avoir ce talent en peinture. Mais n'est pas bon copiste qui veut. Saisir la touche d'un peintre, deviner ses procédés, se pénétrer de sa manière, arriver, en un mot, à ce que les yeux exercés puissent prendre la copie pour l'original : trouves-tu que tout cela soit si facile, à moins que la nature ne vous ait doué d'une dextérité et d'une sagacité toutes spéciales ? Au reste, c'est un état agréable ; et s'il ne donne pas de gloire, il est lucratif.

Mais si vous voulez arriver à composer, à créer vous-même, c'est la science qu'il faut acquérir. La touche, le métier, la manière, ne sont pas la science. Rubens savait. Toi qui as eu, comme moi, le bonheur de voir tous ses chefs-d'œuvre à Anvers, crois-tu qu'il ne possédait pas la forme, qu'il ne l'avait pas au bout de son pinceau, lorsqu'il exécutait ces sublimes compositions qui semblent être l'œuvre d'un jour, tant l'harmonie est partout complète, tant l'action est prise sur le fait?

Gros, son admirateur, disait un jour à un de ses élèves : « Vous avez copié le modèle, mais vous n'avez pas copié la nature. » Cet élève, à coup sûr, n'avait pas la science de la forme, sans laquelle on ne peut pas exprimer le mouvement et l'action que donne la nature, mais que le modèle ne donne jamais.

La nature, c'est l'homme libre qui se meut lui-même sans efforts ni manières. Le modèle n'est qu'un mannequin vivant que vous faites agir, et qui, par conséquent, a toujours quelque chose de faux et d'emprunté.

Chaque homme est construit pour le mouvement qu'il peut donner, ou plutôt chaque homme se meut selon son organisation physique. Ce que peut faire l'un, l'autre ne peut pas le faire; ce qui a de la grâce chez celui-ci est disgracieux chez celui-là. Voici une femme qui a le cou long, la taille courte et de longues jambes; elle n'a certainement pas les mêmes mouvements que celle dont le cou est court, la taille longue et les jambes courtes. Il y a ensuite la souplesse chez les uns, la roideur chez les autres. Ici, la distinction, l'élégance, le style; là, l'air commun, une nature vulgaire. Toutes ces qualités, tous ces défauts, appartiennent à la forme. Cela est si vrai, que certaines grandes dames ont l'air de servantes, et certaines servantes l'air de grandes dames.

Le mouvement obéit à la forme jusque chez les enfants. Ceux qui ont la même tournure que leurs parents ont les mêmes manières. Je te parle des enfants devenus orphelins en naissant, et qui, à quinze ans comme à trente, ont les mêmes gestes que leurs parents avaient à ces âges.

Maintenant tu comprends bien le mot de Gros : « Vous avez copié le modèle, mais vous n'avez pas copié la nature. »

La nature, c'est tous ; le modèle, c'est un ; ce n'est pas même un, car il obéit à une volonté étrangère, et n'est pas lui-même. La nature, c'est l'œuvre composée qui sort de la mémoire de l'artiste, et que son génie anime en appropriant le mouvement à la forme. La nature, c'est ce que possédaient si bien nos maîtres antiques. On a dit qu'ils avaient de plus beaux modèles que nous, c'est possible ; mais il est stupide de croire que c'est parce qu'ils avaient de beaux modèles qu'ils ont été de grands peintres. Ils ont été de grands peintres parce qu'ils avaient la science de la nature. De là le style que nous admirons dans leurs œuvres.

Quoique Rubens ait approprié d'une manière remarquable le mouvement à la forme, il y a cependant de grands artistes qui ont dit de bonne foi que Rubens n'était pas un peintre de style. Cela vient de ce qu'ils ont puisé l'idée qu'ils ont du style dans certains chefs-d'œuvre au lieu de l'étudier dans la nature.

C'est là seulement qu'on le trouve. Phidias l'a pris dans la nature grecque; Raphaël, Titien, Michel-Ange, dans la nature romaine; Paul Véronèse, dans la nature vénitienne; le Poussin, Lesueur, Jean Goujon, dans la nature française; et, j'ose le dire, Rubens dans la nature flamande. Est-il rien de plus vrai, de plus poétique, de plus saint dans sa douleur, que la Vierge debout au pied de la croix, dans le tableau du *Crucifiement* de ce maître? Toutes les mères pleurent devant cette douleur de mère; de même, par un mouvement naturel et involontaire, elles tendent les bras à ces beaux enfants Jésus si palpitants d'existence et de fraîche beauté. — C'est de la poésie, dit-on, ce n'est pas du style. — Si ce n'était pas du style, comment serait-ce de la poésie?

Laissons ces discussions aux hommes qui se croient obligés de juger par tradition sous peine de passer pour ignorants. Nous autres femmes, qui avons le droit d'être ignorantes, jugeons avec notre propre sentiment, et proclamons le beau partout où il est. Lorsque Dieu n'a pas voulu que toutes les belles natures fussent semblables, pourquoi veut-on qu'il y ait similitude entre toutes les belles peintures? pourquoi réduire à une seule les œuvres si nombreuses, si diverses de la création? Pourquoi chaque peintre ne représenterait-il pas tout ce qu'il y a de beau dans tous les pays avec sa poésie à lui? Et puis, par quelle aberration de l'esprit, lorsque l'on juge les œuvres et que l'on classe les peintres, affecte-t-on de donner tant de prééminence à la forme sur la couleur? La forme, soit; mais après? Croyez-vous que l'art s'en tienne là? Interrogez donc les poëtes. Quand ils ont prêté à leurs héroïnes des traits réguliers et gracieux, une taille souple et élégante, ils ont hâte de leur donner la vie en empruntant à la riche palette de la nature ces couleurs que vous dédaignez. Voyez-les s'animer avec leurs lèvres de rose, leur cou d'ivoire, leurs yeux d'azur, leurs cheveux d'or ou d'ébène, leur teint de rose et de lis, et dites ensuite que la forme est tout!

Je concevrais tout au plus que l'on discutât la question de savoir si c'est le dessin qui aide le plus la couleur ou la couleur le dessin; mais je déteste cette guerre insensée des mots contre les faits. Entrons franchement dans l'application du dessin et de la couleur. C'est une école de femmes que nous créons. Les Grecques et les Romaines n'ont point laissé de traditions que nous soyons obligées de subir, et les docteurs qui posent des règles avec un pédantisme si comique n'ont pas de droits sur nous. Nous pouvons regarder les maîtres de l'art avec nos yeux, les comprendre avec notre intelligence, les sentir avec notre âme, et marcher ensuite, éclairées et inspirées par eux, dans la voie ouverte devant nous. Nous ne ferons pas mieux que nos rivaux peut-être, mais nous ferons autre chose, surtout si nous restons femmes. Nous sommes plus près qu'eux de la nature : c'est déjà un avantage.

Demandons-lui constamment nos inspirations, comme l'ont fait les premiers maîtres. Prenons nos harmonies sur les fleurs, sur les papillons, sur les oiseaux; choisissons nos effets de lumière parmi ceux que Dieu jette à profusion sur la terre, et disons-nous à chaque pas : « Toute création humaine prend sa » source dans une création de Dieu. » Croirais-tu que tous les dessins grecs, gothiques et mauresques se trouvent dans les cristallisations de la neige observées à la loupe? Nous trouverons là des merveilles pour les étoffes, pour les ornements des vases, des pendules, etc. En outre, en composant de jolies toilettes, nous arriverons à trouver pour nos tableaux des compositions harmonieuses. L'habitude que nous avons des couleurs nous rendra plus habiles à les marier heureusement. Les anciens maîtres doivent peut-être un peu leur talent de coloristes à celles qu'ils portaient. Aujourd'hui les hommes ne varient de couleurs que dans leurs opinions. Je doute fort que cela les rende coloristes.

M. É. C.

LETTRE QUATORZIÈME.

LEÇON. — DES OMBRES PORTÉES. — DES TONS LOINTAINS. — DES CIELS. — DES ANIMAUX.

Pour procéder avec ordre, je vais, ma chère Julie, te parler des ombres portées et des tons lointains. Il faut commencer par étudier une figure dans sa lumière, avec ses fonds et son ombre portée, avant de passer aux personnages dans l'ombre.

Les ombres portées doivent être en harmonie avec l'objet sur lequel elles portent. Sur un parquet jaune, elles se préparent comme le jaune; sur un gazon, comme le vert; ainsi de suite. Tu sais combien il importe que l'ombre appartienne au parterre, et non au personnage. Autrement le personnage serait collé à son ombre. Fais remarquer à tes filles que lorsqu'une personne se promène la couleur de son ombre portée varie comme celle du terrain sur lequel elle marche.

Quelquefois l'ombre portée est reflétée par l'objet qui donne l'ombre. Alors il faut chercher le reflet et l'appliquer exactement, soit en enlevant, soit en gouachant.

Lorsque le lointain d'un tableau est tellement reculé qu'on ne distingue plus la couleur, par exemple si c'est une porte ouverte qui ressemble à l'ouverture d'une cave, on fait ce ton sombre avec du bleu de cobalt et du brun rouge, ou avec de l'indigo et du vermillon. Ces mêmes tons s'emploient pour les lointains sombres du paysage, parce qu'ils sont vigoureux sans être noirs, et que par cette raison ils sont aérés et s'éloignent du premier plan.

Mais rappelle à tes filles qu'en peignant comme en dessinant, elles doivent mettre un morceau de velours noir entre elles et la nature qu'elles cherchent à représenter. Elles se convaincront de plus en plus que tout est blond, même les troncs d'arbres les plus vigoureux qui s'enlèvent sur le ciel. Un chapeau noir même, dès qu'il est dans l'ombre, est vigoureux, mais n'est plus noir. Le noir ne s'emploie que dans la lumière du noir. Nos élèves feront cette observation devant les tableaux des grands coloristes.

Tu sais que les montagnes et les arbres très-éloignés dans le paysage sont quelquefois très-bleus; on les peint avec le bleu de cobalt ou l'outremer. S'ils sont vert-bleu, on ajoute un peu de jaune de Naples; s'ils sont vert-jaune, un peu d'ocre jaune ou de terre d'Italie. Pour les tons lointains, le vert de cobalt se mélange aussi très-heureusement avec le brun rouge. Les couleurs transparentes ne conviennent pas dans les fonds de paysage. Quand le feuillage d'un arbre de premier plan s'enlève en vigueur sur le ciel, le contour n'est jamais d'un vert cru, même dans la lumière. Aussi le bleu de cobalt, l'ocre jaune, le jaune de Naples et la terre d'Italie sont-ils préférables aux verts et aux jaunes brillants, qu'il faut réserver pour les premiers plans de l'arbre.

Quant à ces tons bleus vigoureux qu'on remarque sous les forêts ou à l'horizon de la mer, on les obtient avec le bleu de cobalt ou l'indigo en y ajoutant, s'il le faut, du brun rouge et du vermillon. Le bleu de cobalt et le brun rouge sont nécessaires pour les navires et leurs cordages, qui nous paraissent quelquefois si noirs.

L'indigo donne un vert qui recule plus que le bleu minéral, lorsqu'il est employé avec les jaunes opaques, qui gouachent.

Fais bien observer à tes filles que les tons que j'indique pour les lointains tiennent peu au papier; ce qui est indispensable. Voici pourquoi : si vous avez une montagne dans le fond, elle est modelée, c'est-à-dire qu'elle a des ombres et des lumières. Or, dans les fonds, les lumières s'éloignent plus lorsqu'on les enlève que lorsqu'on les conserve.

Il en est de même pour tous les tons les plus reculés.

Faites-donc sur le garde-main une étude des couleurs qui s'enlèvent facilement. L'adresse, l'expérience acquise font enlever une lumière telle qu'on la veut. Il est donc utile de répéter cet exercice sur des tons unis, en se servant des moyens que j'ai déjà enseignés pour les draperies.

Encore une chose utile : c'est de savoir enlever un ton à moitié. Pour cela, il faut tendre un coin de son mouchoir sur le bout de son doigt, le mouiller légèrement avec la langue et le frôler sur le papier.

Lorsque nos élèves auront fait en détail une étude de ces procédés, elles en feront l'application en copiant le tableau d'un coloriste.

Je les ai trouvés en copiant à l'aquarelle, dans le musée d'Amsterdam, le tableau de Rembrandt qu'on appelle la *Garde de nuit*, une composition de plus de vingt pieds, que j'ai réduite, bien entendu. Rembrandt fait comprendre le clair-obscur; Rubens, l'harmonie des tons. Un voyage en Belgique et en Hollande est une grande leçon de couleur, surtout lorsqu'on peut y copier ces deux maîtres.

Il faut donc, ma chère Julie, trouver le moyen de copier à l'aquarelle un ou deux grands tableaux de maîtres coloristes. Mais nous en parlerons plus loin, lorsque le moment en sera venu.

A présent passons aux ciels : c'est une grande affaire. Les plus habiles aquarellistes ne les font qu'en tremblant. Il faut du même coup de pinceau arriver à la forme et à la couleur. Un ciel retouché est un ciel manqué. Le blanc du papier se réservant pour les nuages, il importe d'attaquer exactement le dessin du contour en faisant le fond du ciel, et le fond doit être sans tache. Tu vois que toute la difficulté est dans l'exécution.

Marie et Élise sauront dessiner des ciels de mémoire lorsqu'elles commenceront à laver; tu en sens toute l'importance; mais tu observeras ce que j'ai observé chez mes élèves, qu'il faut prendre, pour laver les ciels, l'habitude de dessiner en sens inverse. Ainsi, dans leurs dessins au fusain, tes filles enlèvent le nuage blanc sur le noir avec de la mie de pain : c'est la manière ordinaire pour dessiner l'objet sur le fond; tandis que pour les ciels on dessine le fond sur les nuages, en lavant à l'aquarelle. Encore une habitude à faire prendre à l'œil.

Quant aux couleurs, elles s'exécutent telles qu'elles se voient. Le bleu de cobalt et l'outremer s'emploient de préférence; mais on peut aussi sans inconvénient se servir des autres bleus, surtout quand les ciels sont d'un vert bleu. Le brun rouge ou le vermillon mêlé au noir d'ivoire ou à l'indigo s'applique aussi aux tons fuyants des ciels.

Redescendons sur la terre pour y étudier les bêtes.

Les animaux ont généralement la robe blanche, noire, jaune ou grise. J'ai dit plus haut comment se préparent ces quatre tons.

Un grand avantage de l'aquarelle est de pouvoir modeler un animal tout entier avec un seul ton. Ainsi, on saisit tout de suite la lumière et l'ombre. La lumière est très-étroite sur les animaux à poils ras, plus large sur les animaux à longs poils. Prescris à tes filles de modeler sans s'inquiéter des détails du poil. Lorsqu'elles finissent, elles les enlèvent ou elles les gouachent dans les endroits nécessaires.

Quand je dis les endroits nécessaires, je dis les endroits frappants. Il faut toujours se rappeler que l'œil du spectateur se saisit d'abord de l'ensemble, et qu'il ne vient chercher les détails que lorsqu'il est satisfait de l'aspect général. C'est déjà un grand éloge pour un artiste que de dire devant son tableau : « Quel dommage que cela ne soit pas fini! » Ne parle-t-on pas ainsi en présence d'une belle construction inachevée? On sent que l'œuvre est bien comprise, et on regrette que l'auteur n'ait pas pu l'achever. L'imagination du spectateur se met au point de vue de l'artiste pour finir le tableau ou la construction, et souvent elle s'en éprend plus que d'une œuvre terminée. Voilà pourquoi on a vu jeter des sommes considérables sur de simples esquisses.

Mais lorsqu'un tableau est fini à faux, c'est-à-dire lorsque tous les détails y sont sans les masses, on ne le regarde pas plus qu'un tas de fleurs effeuillées. Tout y est; rien n'y est.

M. É. C.

LETTRE QUINZIÈME.

OBSERVATIONS. — COMMENT ON FAIT PASSER UN PERSONNAGE DANS L'OMBRE. — LES CHEVEUX ET LA PERRUQUE. — AMOUR ET AMITIÉ.

« Ce que font tes filles ne ressemble pas à des fleurs » effeuillées. Tu y trouves déjà la forme et l'aspect. » Un graveur anglais t'a dit qu'il graverait de char- » mantes choses d'après quelques-uns de leurs des- » sins. » Tu m'envoies là, ma chère Julie, un éloge dont j'ai le droit d'être aussi fière que tes filles. Au reste, j'y suis accoutumée. Avec ma manière d'enseigner, les coups d'essai sont des coups de maître. Aussi vais-je ouvrir cours sur cours pour la propagation de cette idée si simple. J'éprouve tant de bonheur à voir mes élèves faire ce que je ne ferais pas! La mère qui voit son fils se développer et devenir un beau et spirituel cavalier n'est pas plus heureuse. Elle le regarde et l'écoute avec admiration. C'est mon image, c'est la tienne en présence de tes filles; je te fais l'honneur de n'en pas douter.

L'aquarelle ne peut qu'accroître tes jouissances. Elle procède aussi par masses. Tu as dû remarquer que les dessins et les aquarelles d'écolier ne brillent pas par cette qualité, c'est tout simple : il faut être très-habile pour finir les détails sans altérer les masses. Jusqu'à présent les élèves ont toujours commencé par finir leur premier dessin avec des hachures, et leur première aquarelle avec du pointillé. Aussi disent-ils, lorsqu'ils sont devenus hommes : « J'ai su dessiner » dans ma jeunesse ; je faisais des têtes superbes ; » mais à présent je ne pourrais pas seulement tirer » une ligne droite. » Ceux-là n'ont jamais su dessiner. C'est une science qui ne s'oublie jamais ; au contraire, on progresse sans travailler, parce que, si la main se repose, l'esprit ne se repose pas. Mais quand on a copié et ombré une grande bête de tête avec des hachures, comme cela se pratique encore aujourd'hui dans beaucoup d'ateliers, on peut être certain qu'on n'en sait pas plus après qu'avant.

La science du dessin et de la peinture est si négligée ou plutôt si mal comprise de nos jours, qu'il y a des artistes qui travaillent depuis dix ans et qui ne savent pas mettre une figure dans l'ombre au fond d'un tableau. Hors de leurs premiers plans, on entrevoit quelque chose de vaporeux, de fantastique ; mais des êtres vivants, jamais. S'ils avaient commencé par l'aquarelle comme tes filles, ils camperaient hardiment une figure dessinée, accentuée, colorée, dans l'ombre ou dans la demi-teinte, ainsi que l'a fait Paul Véronèse, et cette figure serait vivante, à sa place, ni trop en avant, ni trop en arrière.

Te rappelles-tu qu'en pension nous n'étions jamais satisfaites des ombres des peintures qu'on nous donnait à copier, et que nous nous disions toujours : « Comment ferons-nous d'après nature? » Si à cette époque j'avais trouvé le calque, ce professeur infaillible que je donne à mes élèves, que de chefs-d'œuvre nous aurions exécutés à la barbe de nos maîtres et malgré eux! Oui, chefs-d'œuvre, j'ose le dire.

Et si j'avais eu ce procédé si simple que je vais enfin te révéler, qui fait passer tout de suite un personnage ou un objet quelconque dans l'ombre ou dans la demi-teinte, nous aurions fait une révolution.

Ce procédé, le voici :

Commence par dessiner toute ta composition. Passe ensuite un ton gris général sur tout ce que tu veux mettre dans l'ombre ou dans la demi-teinte. Ce ton sera plus ou moins foncé, selon que l'ombre ou la demi-teinte que tu veux obtenir est plus ou moins vigoureuse. Tu peins ensuite sur le papier gris, comme s'il était blanc, et les tons qui seraient des tons de lumière deviennent des tons d'ombre ou de demi-teinte. Me comprends-tu? Sur le papier gris, tu fais des blonds, des bruns, des nègres, avec les couleurs que tu emploierais sur le papier blanc, et tu trouves, non sans surprise, les tons d'ombre et de demi-teinte qui distinguent les grands coloristes. Je dois ce procédé aux divers essais que j'ai faits en copiant leurs œuvres à l'aquarelle.

Essaye le procédé inverse. Passe le ton gris par-dessus la couleur. Tu n'obtiendras qu'une exécution babocheuse et des tons sales.

Trouver le ton de l'ombre et de la demi-teinte ;

Trouver l'ombre et la demi-teinte dans l'ombre même ;

Modeler dans l'ombre et la demi-teinte :

Voilà les trois plus grandes difficultés de la peinture.

Mon procédé si simple les résout.

Si tu isoles des autres figures la figure ainsi exécutée dans l'ombre, si tu la regardes attentivement un certain temps, tu y retrouveras si bien les petits tons bleus qui sont dans la lumière et les tons de reflets, que tu croiras qu'elle est devenue lumineuse. Elle ne retournera dans l'ombre que lorsque tu la compareras aux figures placées dans la lumière. En reculant, elle n'a rien de vaporeux ni de fantastique. Elle conserve sa vie comme dans la nature ; on ne peut pas dire qu'elle n'existe pas.

Un peintre montrait un jour avec orgueil une chevelure blonde parfaitement exécutée à un riche amateur de Londres. « Ho ! yes, c'étaient des cheveux, dit » l'Anglais ; mais c'était une perruque. » La vie n'y était pas.

Donner l'existence à ce qu'on représente, voilà, chère Julie, le but de la peinture. C'est en cela que Rubens excelle : c'est ce qui l'a fait nommer le maître des maîtres. Doit-il cette qualité éminente à son génie seulement ? Ne la doit-il pas en même temps à sa science profonde de la nature, de cette nature qu'il avait sous les yeux dans les pays du Nord, où l'on voit circuler le sang sous l'épiderme, où la vie est pour ainsi dire à découvert ? Il a retrouvé dans sa famille, dans les jeunes filles aux chairs transparentes qui l'entouraient, ces types de tous les temps, tant reproduits et tant admirés, les Vénus, les Hélène, les Léda, les Cérès, les Flore, enfin toutes les blondes déesses du paganisme, et jusqu'à la Vierge des chrétiens, blonde aussi, avec les joues fraîches et les lèvres roses de tes filles. Et son génie les a fait revivre sur la toile.

Crois-le bien, tous les grands peintres ont voulu briller par la couleur. Ceux qui étaient moins coloristes que leurs rivaux le regrettaient. Lorsque Titien mettait au jour ses Vénus, il empêchait Raphaël de dormir. Mieux qu'un autre Raphaël sentait l'admiration qu'elles devaient inspirer. Telle est, en effet, la magique puissance du pinceau qui les a créées, que des amateurs sont restés des années à Florence pour le seul plaisir d'aller tous les jours les contempler, et admirer la plus merveilleuse harmonie des belles formes et des belles couleurs. Je n'ai jamais rien vu de plus beau. C'est l'apogée de l'art.

Tu dois rire de moi, ma chère Julie, en remarquant que, lorsque je te parle d'un chef-d'œuvre, je dis toujours : « Je n'ai jamais rien vu de plus beau. » Ce cri m'échappe tour à tour devant un Corrége, devant un Rubens, devant un Paul Véronèse, devant un Raphaël, devant un Poussin. Aujourd'hui c'est à Titien que je rends cet hommage.

Il paraît que devant les belles peintures je suis comme ces messieurs devant les belles femmes : c'est toujours la dernière qui a raison.

Au reste, pour moi, il n'y a que deux manières d'aimer les chefs-d'œuvre. J'aime les uns d'amour, les autres d'amitié.

Ceux que j'aime d'amour, je les ai aimés sans réflexion, à première vue, frappée par cet éclat saisissant auquel on ne résiste pas. Quant aux autres, à ceux qui ont mon amitié, c'est en les voyant souvent, en les étudiant, que je les ai appréciés et que je m'y suis attachée. Les amateurs de peinture me comprendront. Je ne doute pas que, sans s'en rendre compte, ils n'aient éprouvé ces deux sentiments en présence de tant de chefs-d'œuvre, objets constants de leur culte.

Je vois d'ici tes filles étudiant leurs sentiments pour savoir si elles aiment un tableau d'amour ou d'amitié. Leurs réflexions t'amuseront peut-être autant que l'inquiétude de Marguerite, qui craint d'aimer d'amour son jeune cousin, parce qu'elle éternue toujours lorsqu'il arrive.

M. É. C.

LETTRE SEIZIÈME.

LEÇON. — LA COPIE D'UN TABLEAU. — LA COMPOSITION D'UN TABLEAU.

Pour copier un tableau à l'aquarelle, ma chère Julie, il faut procéder avec ordre, et ne jamais se presser. Faire un calque du tableau si l'aquarelle doit être de même grandeur; et si l'on veut le réduire, le décalquer absolument comme si l'on dessinait d'après nature (1) : voilà le premier soin. Il importe de bien étudier d'abord sur un papier ordinaire le dessin du tableau, afin de le transporter sur le papier à laver sans imperfection. On le transporte tout bonnement par le calque à travers un carreau de fenêtre, ou avec un papier rouge posé entre le calque et le papier blanc.

A moins qu'il ne se présente un ennuyeux, il faudra tendre soi-même son dessin sur le carton.

On passe ensuite sur tout le papier un ton général d'ocre jaune pour le rendre d'un blanc jaune.

En étudiant avec tes filles le tableau qu'elles vont copier, tu leur feras remarquer toutes les parties qui sont dans la demi-teinte, personnages, meubles,

(1) Voir le *Dessin*, lettre huitième.

fonds, etc. Dès que la teinte jaune sera bien sèche, elles couvriront sur leur dessin d'un ton noir d'ivoire tout ce qui est dans la demi-teinte sur l'original qu'elles copient. Vois-tu comme nos dessins au fusain sont nécessaires, comme ils rendent facile ce que je demande aujourd'hui?

Voilà donc une chose bien arrêtée. Le papier reste intact partout où sont les parties lumineuses du dessin; tout le reste est couvert d'une demi-teinte grise.

On commencera par peindre les personnages ou les objets les plus éclairés du tableau, les parties où l'intérêt repose, et l'on continuera sa copie jusqu'à la fin, en traitant toujours les points les plus clairs avant les plus vigoureux, afin de conserver les effets de lumière à leur juste valeur. Quand il y a des parties plus vigoureuses les unes que les autres, on les soumet à une seconde teinte grise, mais toujours avant d'y mettre la couleur.

Tes filles commettront certainement des erreurs : elles feront les tons trop clairs ou trop foncés; mais ceci est une affaire d'expérience. Leurs fautes mêmes les instruiront. Je ne puis que leur dire comme l'Évangile : « Cherchez et vous trouverez, si vous suivez » mes préceptes. »

Les copies doivent être répétées de mémoire en manière d'esquisse. Il est bon de faire aussi des esquisses d'après les tableaux des grands coloristes, et de les reproduire de mémoire. Les exercices accoutumeront l'œil à trouver les tons justes et à les harmoniser.

Des compositions copiées, nous passons aux compositions d'après nature.

Nos élèves composeront de mémoire, afin de donner le mouvement et l'expression justes. Tout naturellement, elles approprieront le mouvement à la forme, parce que le souvenir de la nature prise sur le fait arrivera au bout de leur fusain; car c'est avec le fusain que nous composons.

La composition étant arrêtée, elles prendront le modèle pour étudier les détails. Le choix des modèles n'est pas indifférent. Ils doivent être dans la nature des figures qu'on a dessinées. S'ils étaient courts quand les figures sont élancées, maigres quand les figures sont grasses, comment arriverait-on à l'ensemble, à la vérité? Ils donnent les détails de la forme.

Ils ne donnent pas le mouvement, qui avec eux est toujours roide et faux. C'est au peintre à jouer lui-même l'action de son tableau, ou il ne fait qu'une réunion de marionnettes. S'il ne peut composer sans le secours des modèles, ce n'est pas un peintre. L'élève qui a appris à dessiner de mémoire en sait plus que lui. Ce qui caractérise les œuvres des maîtres, c'est leur puissance devant la nature. On voit qu'ils la dominaient. Ils trouvaient des tournures, des attitudes qu'une femme sur mille peut donner. Devant eux, le modèle n'était qu'un esclave qui portait la draperie. Qu'attendre des peintres qui demandent tout à leurs modèles, et la composition de leur dessin et le mouvement de leurs figures? Rien. Ils tremblent devant la nature, qu'ils n'ont jamais étudiée, qu'ils ne savent pas; de même qu'un orateur inexpérimenté tremble devant le public, parce qu'il ne possède pas la mémoire du langage. Ils ânonnent l'un et l'autre.

Il est inutile que je répète ici ce que j'ai dit sur la composition dans la quinzième lettre du *Dessin*.

Lorsque tes filles seront satisfaites de l'ensemble et des détails de leur dessin, elles décalqueront leur composition sur le papier à laver, elles le tendront et passeront dessus la teinte d'ocre jaune.

Ensuite elles retourneront à leur dessin pour chercher l'effet avec le fusain. Lorsqu'elles l'auront saisi, elles passeront à l'harmonie des tons.

Pour trouver cette harmonie, il faut faire une esquisse.

L'esquisse, c'est la composition réduite à la dixième, à la vingtième partie du tableau.

Sur cette composition réduite, tes filles poseront l'effet avec un ton gris de noir d'ivoire. Elles prendront cet effet sur leur dessin qu'elles ont fait au fusain.

Le clair-obscur de l'esquisse étant déterminé, elles choisiront parmi toutes les jolies toilettes dont les fleurs et les papillons offrent tant de modèles, et elles habilleront leur composition comme un seul personnage.

Elles observeront que les maîtres ont toujours peint une étoffe blanche entre les chairs et les étoffes de couleur.

Elles n'oublieront pas qu'il y a des tons qui reculent et des tons qui avancent par leur propre valeur. Ainsi, dans un endroit où elles voudront obtenir des lumières brillantes, elles savent qu'avec le blanc, c'est le jaune, l'orange, le rouge et le rose qui viennent le plus en avant. Elles savent que le noir très-vigoureux a aussi la puissance de s'emparer du premier plan. Leurs études sur l'harmonie des contraires dans les fleurs leur profiteront beaucoup, sans qu'elles s'en doutent. En un mot, elles habilleront leur composition comme elles s'habillent elles-mêmes, avec art et bon goût.

Presque tous les peintres ont l'habitude de faire leur esquisse très-petite, afin de pouvoir envisager l'ensemble d'un coup d'œil : c'est une règle excellente; et j'ai toujours été étonnée que l'idée de faire commencer les élèves par dessiner d'après de petits modèles ne soit pas venue à tous les professeurs, comme à notre grand artiste M. Ingres. En effet, en s'exerçant d'abord sur de petites proportions, on acquiert la science des masses avant celle des détails; on saisit plus vite les emmanchements, les enchâssements : c'est-à-dire qu'on sait faire tenir une main à un bras, qu'on sait mettre un œil à sa place, avant d'étudier séparément dans tous leurs détails la main et l'œil. Quelle idée étrange d'apprendre à un élève à dessiner un œil, un nez, une bouche, séparés de la tête! Pourquoi ne fait-on pas aussi dessiner les ongles à part?

Les artistes bien doués, qui ont commencé par dessiner de mémoire, travaillent d'abord sur une échelle très-petite. De là leur aptitude à saisir l'ensemble des personnages, des animaux, de tout ce qu'ils voyaient. En présence de la nature, dès qu'ils ont voulu l'étudier en détail dans de grandes proportions, ils ont su du premier coup camper une figure dans le mouvement qu'ils voulaient donner.

Les petites proportions obligent à n'accuser que ce qui est essentiel. Dans une figurine, on ne peut pas exprimer tout ce qu'on voit. On se borne donc à choisir ce qui caractérise la forme, et même à l'exagérer pour se faire comprendre. Vois les petits chefs-d'œuvre gravés sur les pierres antiques; dès qu'on les grandit au moyen de ce procédé Rouillet, ils acquièrent une hardiesse de forme et d'expression tout à fait extraordinaire. Les admirables graveurs dont ils nous ont transmis les noms avaient saisi toutes les difficultés de la réduction: ils savaient frapper juste sur les points essentiels; par exemple, conserver sur trois plis celui qui accuse la forme, prendre la ride qui caractérise la physionomie, etc. On peut copier bêtement une grande figure; une petite, c'est impossible.

Aussi trouve-t-on dans les croquis des maîtres, dans leurs esquisses, toute leur verve et toute leur fougue. Toujours leurs tableaux paraissent plus froids. On voit qu'en grandissant leurs figures, ils ont adouci ce que j'appellerai l'expression de la forme.

L'expression de la forme, la mémoire seule la donne; c'est le sentiment rendu par le mouvement, le geste et la physionomie.

M. É. C.

LETTRE DIX-SEPTIÈME.

OBSERVATION. — DE L'HARMONIE DES COULEURS DANS LA COMPOSITION. — DE L'ESQUISSE.

A tes filles, qui ont déjà obtenu des effets assez piquants pour qu'un graveur les trouve dignes de son burin, je ne recommanderai pas, ma chère Julie, une nouvelle lecture de ma lettre sur la composition dans le *Dessin*. Ce serait leur faire injure.

Elles sont arrivées à ce qu'il y a de plus difficile dans l'art de la peinture ; et même, si elles n'avaient pas exécuté de point en point tout ce que j'ai prescrit, j'aurais à craindre qu'elles ne s'arrêtassent devant l'impossible. Heureusement, je n'en suis pas là, et c'est avec confiance que j'écris ma trente-deuxième lettre.

Trente-deux lettres sur l'art de dessiner et de peindre, ce serait beaucoup à lire en un jour, mais ce n'est rien à étudier en deux ou trois ans. Dans l'exposition de mes préceptes, j'ai dû chercher à être concise, car l'élève qu'on ennuie ne profite jamais. Mais, en t'envoyant ces lettres à d'assez longs intervalles, j'ai bien indiqué que je n'entendais pas être lue tout d'une haleine. En effet, ce n'est qu'en pratiquant qu'on me comprendra parfaitement, à moins d'être déjà artiste.

L'art de dessiner et l'art de peindre demandent que la main soit l'expression juste de la pensée. Il faut donc acquérir une pratique, une adresse que l'art d'écrire ne demande pas; il faut joindre le travail physique au travail intellectuel, devenir habile, non-seulement par l'esprit, mais aussi par la main.

M. Eugène Delacroix a dit à propos du *Dessin:* « Je » n'irai point faire le procès aux écrivains qui, sans » connaître à fond la peinture, et même sans en avoir » pratiqué les éléments, écrivent sur l'art et donnent » aux artistes des conseils complaisants. »

Pourquoi ces mêmes écrivains ne donnent-ils pas aussi aux médecins et aux chirurgiens des conseils complaisants sur l'art de guérir et d'opérer? Ils le pourraient au même titre. Heureusement la spirituelle raillerie de M. Delacroix ne s'adresse pas à tous. Nous avons lu des articles sur la peinture qui resteront des chefs-d'œuvre d'esprit et de jugement. Mais, qu'on le sache bien, les littérateurs qui les ont écrits vivaient avec les peintres et s'étaient servis de leurs outils, assez au moins pour connaître le danger de les manier sans pratique et sans étude.

Pratique et expérience, étude et observation, voilà ce que mes leçons ont dû donner à tes filles, voilà ce dont elles ont aujourd'hui besoin pour attaquer franchement l'esquisse.

L'esquisse d'une composition, c'est le tableau.

Le tableau ne doit apporter à l'esquisse que la

supériorité des détails. C'est dans l'esquisse que le peintre met son esprit, son âme et son cœur. Dans le tableau, il met sa science, son travail patient et résigné, c'est-à-dire sa volonté ferme de se soumettre à son esquisse. L'esquisse se fait *con amore;* le tableau, avec ce sentiment plus calme et plus durable que j'appellerai amitié. L'esquisse est l'œuvre d'un jour ou d'une heure; le tableau est l'œuvre d'une année ou de plusieurs mois. Comprends-tu toute la puissance de volonté qu'il faut avoir pour exécuter en un an ce qu'on a conçu en un jour?

Aussi, ma chère Julie, un grand artiste a-t-il dit : « Il faut des années avant d'arriver à mettre dans son » tableau tout ce qu'il y a dans son esquisse. »

L'inspiration est fugitive. Se maintenir longtemps au ton de l'inspiration, c'est faire du feu à froid, passe-moi l'expression. Pour cela, il faut ce courage de fer dont les hommes prétendent avoir le privilége, et qui ne se rencontre que chez ceux qui sont un peu femmes.

Quand je t'ai dit, ma chère Julie, que l'esquisse était l'œuvre d'un jour ou d'une heure, j'ai entendu parler de son exécution sur le papier ou sur la toile comme pensée. Mais il faut y réfléchir longtemps avant d'en jeter le premier trait. Il est des esquisses auxquelles j'ai songé des années entières; et combien resteront à l'état de projet! Je laisse toutes ces idées germer et mûrir dans ma tête, et ce n'est que quand je les vois par les yeux de l'esprit complètes et réussies que je me décide à les réaliser sur le papier.

Aussi elles tombent alors de mon pinceau comme le fruit mûr tombe de l'arbre.

Et il doit en être ainsi, afin que l'imagination soit occupée ailleurs et ne vienne pas à chaque instant entraver l'exécution des tableaux en inspirant tantôt une variante, tantôt une autre. Dès mon début dans l'art, j'ai su mettre une très-grande similitude entre mon esquisse et mon tableau. Les artistes, admirant mon sang-froid, m'ont souvent dit : « Comment faites-vous pour ne rien changer à votre première idée? Je compose *in petto* des pendants au tableau que j'exécute. Ainsi je puis rester devant lui calme et froide.

L'esquisse est l'œuvre de l'observation du dessin et de la couleur restée dans la mémoire au service de l'imagination.

Toutes les parties d'un tableau se reflètent entre elles. Tes filles ont remarqué, j'en suis sûre, que lorsqu'elles passent d'une pièce dans une autre leur teint change parfois; qu'elles sont plus jolies dans certains endroits; que leur toilette ressort mieux dans un salon que dans un autre. Toute la science de la couleur est dans cette observation, que les personnages se reflètent de ce qui les entoure. De là l'harmonie qui règne entre eux. C'est ce que je t'ai fait admirer dans Watteau quand je t'ai dit : « Les per- » sonnages appartiennent si bien aux arbres et les » arbres aux personnages, qu'on voit qu'ils respirent » le même air. » Paul Véronèse, sous ces brillants portiques, possède au suprême degré cette qualité d'atmosphère. L'un s'impressionnait lorsqu'il suivait des yeux ses personnages folâtrant dans les jardins de le Nôtre; l'autre, lorsqu'il voyait se former des groupes entre les magnifiques colonnades des palais. On sent que leurs figures ne leur apparaissaient jamais isolées de leurs fonds, et qu'ils ont vu tout entières les scènes que leur génie a reproduites.

La grande question des coloristes et des dessinateurs se résout ainsi : les uns voient un coin de la nature complétement, dans son ensemble, avec ses lignes, sa couleur, son atmosphère, et du tout ils font un poëme. Les autres ne voient que de belles lignes ici pour leurs figures, d'autres belles lignes là-bas pour leur paysage, et de ces beaux débris épars ils cherchent à faire un tout. Mais la nature est là qui revendique ses droits, et vient dire : « Vous ne désunirez pas ce que j'ai uni. » Elle veut que ses tableaux restent tels qu'elle les a faits, parce qu'elle seule les sait faire, et que ceux que l'on compose sans elle n'ont rien d'elle. Sa variété est infinie, mais ses lois sont les mêmes partout et dans tous les temps. Les scènes de l'histoire ancienne nous apparaissent dans l'histoire moderne. C'est en voyant un grand festin profane que Paul Véronèse a rêvé les *Noces de Cana*. C'est en présence des belles Romaines allaitant leurs enfants que Raphaël a composé ses admirables Vierges.

Après tout, le sujet importe si peu à la postérité, que les artistes, les vrais amateurs ne s'en inquiètent jamais. L'action est bien ou mal rendue, le sentiment bien ou mal exprimé, c'est beau ou c'est laid. Un peintre n'est pas un historien; les livres sont là pour nous instruire. Une belle peinture est comme une belle femme : on ne demande pas son nom et son adresse pour décider qu'elle est belle.

Revenons à nos moutons. Commencer par dessiner et grouper des figures sur du papier blanc, sans faire en même temps le fond sur lequel elles se détacheront et vivront, c'est faire une chose absurde, c'est bâtir en l'air. Dieu a-t-il commencé par créer l'homme et les animaux avant de créer la terre ? Le fond est aux personnages d'un tableau ce que la terre est à l'homme : ils ne peuvent pas s'isoler l'un de l'autre. Est-ce que tes amis t'apparaissent jamais dans l'espace ? Quand tu penses à eux, tu te les représentes toujours quelque part, dans une action quelconque ; c'est ainsi que les figures d'un tableau doivent apparaître à tes filles. Cette mémoire que j'ai su exercer chez elles leur a mis dans l'œil, sans doute à leur insu, les rapports de tous les objets entre eux. La couleur d'harmonie, la couleur de reflet, les frappent inévitablement par suite de l'habitude que je leur ai donnée de composer les figures devant les fonds, au lieu de composer les fonds derrière les figures. Ainsi, elles sont arrivées tout naturellement à la science de l'esquisse, but de nos études, que j'ai envisagé dès ma première lettre, et vers lequel je les ai constamment conduites pas à pas.

J'ai dit dans ma dernière leçon qu'elles devaient habiller leurs esquisses avec art et bon goût, comme elles s'habillent elles-mêmes ; j'aurais dû dire comme tu les habilles, toi qui donnerais des leçons à toutes les mères sur l'art d'ajuster leurs enfants avec grâce, sans les surcharger d'affiquets inutiles qui leur donnent l'air de chiens savants. Que de peintres tombent dans ce défaut pour embellir leurs esquisses! Ils en font un magasin d'oripeaux qui ne ressemblent à rien. Recommandons-leur plus de simplicité; mais excusons-les, car l'esquisse est la fille bien-aimée de l'artiste. Il la crée avec passion, il la pare avec tendresse comme la mère pare sa fille lorsqu'elle attend le jeune homme auquel elle la destine. L'esquisse du peintre a une destination à peu près pareille : elle attend l'amateur.

Puisque je t'initie aux mystères de la peinture, je ne puis me dispenser de te dire ce que c'est qu'un amateur. On m'assure que depuis la bienheureuse révolution de février on n'en voit presque plus, et peut-être l'espèce va-t-elle s'éteindre. Ce serait dommage.

L'amateur n'est pas le grand seigneur qui regorge de richesses parce que ses aïeux ont mérité d'être pendus, et qui, par vanité, jette de l'argent aux artistes pour acheter le titre de protecteur des arts; ce n'est pas l'habitué de la Bourse qui, dans les jours de hausse, se fait un musée pour le vendre rue des Jeûneurs quand vient la baisse. Non, ces gens-là sont faciles à reconnaître : ils entrent chez l'artiste avec fracas, marchandent jusqu'aux cadres, et payent cher, mais avec insolence. C'est à regret que l'artiste leur livre ses œuvres. Mais quel est cet homme, jusqu'ici inaperçu, qui est entré dans l'atelier on ne sait quand ni comment, et qui semble être chez lui? C'est un amateur. Il ne va pas chez tous les peintres. Il en est trois ou quatre seulement qu'il affectionne et dont il recherche les œuvres, soit chez eux, soit dans les ventes. Avec quelle attention curieuse il promène ses yeux du tableau terminé au tableau commencé, et du tableau commencé à l'esquisse ! Quelle joie il éprouve quand il rencontre un premier croquis bien réussi ! C'est une trouvaille. « Vous n'y toucherez plus, dit-il au peintre ; vous le gâteriez. » Et il s'en empare moyennant quelques pièces d'or que l'artiste ne compte pas, et il va bien vite l'accrocher dans son cabinet, en ayant grand soin de le placer dans un bon jour, et de manière qu'il s'harmonise avec les autres merveilles qui l'entourent ; car pour rien au monde il ne sacrifierait l'une à l'autre. Il les aime toutes d'un amour de père ou d'amant. Puisque nous sommes admis dans le sanctuaire, jetons les yeux autour de nous. Point de luxe ; seulement quelques antiquités ou quelques vieilles tapisseries qui ne sont là que pour faire ressortir les objets de son culte. Comme tout est propre, bien ordonné ! Soyez donc étonné de ce que la femme de l'amateur soit jalouse de sa collection ! Soyez donc étonné de ce que vers une heure il quitte précipitamment son déjeuner parce qu'il craint qu'on n'ait pas fermé un volet et que le soleil ne vienne dévorer un de ses petits chefs-d'œuvre ! Il se consolera en admirant de nouveau leurs perfections : c'est son bonheur. Et pendant que nous sommes là, gardons-nous de ne pas montrer de recueillement, de parler de choses étrangères ou de voir quelques défauts. Il nous mépriserait souverainement et sa porte nous serait à jamais fermée. Plus il est pauvre, plus il a fait de sacrifices pour satisfaire sa passion. Ne troublons pas ses jouissances : toute passion est féroce.

Il n'aurait pas cette susceptibilité avec le peintre. Il y a entre eux un lien inexplicable. Définis, si tu le peux, ce sentiment irrésistible qui fait qu'un homme s'attache ainsi à un autre, donne une préférence presque exclusive à ses ouvrages, passe des heures entières à le regarder travailler, suivant de l'œil chaque mouvement de son pinceau et retenant son haleine pour ne pas le distraire. Si l'artiste le permettait, l'amateur le suivrait comme son ombre et finirait par s'associer à toutes ses émotions heureuses ou malheureuses.

Je conçois parfaitement le plaisir qu'on peut trouver, sans être un amateur, à voir travailler un homme de talent. On assiste à une création. C'est un beau rêve qu'on fait tout éveillé. Le roi Louis-Philippe s'est souvent donné ce passe-temps, mais non pas en silence. Il aimait à donner des conseils aux artistes, sacrifiant volontiers la partie pittoresque d'un tableau à la fidélité historique.

On sait que l'empereur de Russie trouve un grand plaisir à voir travailler Horace Vernet.

Mais il y a une chose qu'on ne sait pas : Horace Vernet aurait-il donné son talent pour être empereur de Russie ou roi des Français ? L'empereur de Russie et Louis-Philippe auraient-ils changé leur couronne pour avoir le talent d'Horace Vernet ?

Ce qui est certain, c'est qu'Horace Vernet a éprouvé

plus de vraies satisfactions et moins d'ennuis, c'est que sa royauté est à l'abri des révolutions et de l'ingratitude des peuples. Heureux privilége des arts! Et ce n'est pas le seul : si grands qu'aient été Alexandre et François Ier, ils ont laissé moins de souvenirs que Raphaël et Titien; et si nous remontons plus haut, que sont les héros de l'*Iliade* à côté de celui qui les a chantés?

M. É. C.

P. S. Je t'ai bien fait connaître toute la difficulté d'amener les tons des modèles qui posent dans l'atelier aux tons qu'on leur a donnés dans son esquisse; mais j'ai oublié de t'enseigner les moyens de vaincre cette difficulté. Un exemple : si tu as un fond de plein air, il est impossible que les murs de ton atelier apportent sur ton modèle les reflets du ciel et des arbres qui doivent arriver sur tes figures, et que tes filles ont observés dans leur esquisse. Voici la règle : tu prends des étoffes de satin blanc, ou jaune, ou vert, etc., et tu les places de manière à refléter ton modèle dans les tons de l'esquisse. Avec ce procédé, j'ai toujours obtenu tous les tons que j'avais trouvés sur nature.

LETTRE DIX-HUITIÈME.

DE LA PEINTURE A L'HUILE.

Disons premièrement, ma chère Julie, que les couleurs dans des tubes sont plus commodes que celles dans les vessies.

Les principales couleurs sont les mêmes que celles à l'aquarelle, et il faut bien les étudier et les connaître avant d'en ajouter d'autres.

Tu vois que Marie s'est bien familiarisée avec tous les tons en faisant des aquarelles d'après des peintures à l'huile.

A présent, je lui dirai : Fais des études à l'huile d'après tes aquarelles, afin de bien comprendre les tons et leur valeur dans l'ombre.

Mais ensuite il faut que Marie consacre toute son intelligence, toute son adresse sur l'une ou sur l'autre des deux peintures, qu'elle examine bien ce qui est plus dans son goût. Je dirai toujours aux jeunes filles qui sont destinées au mariage : Choisissez l'aquarelle, parce que vous ne la quitterez jamais, parce qu'elle ne salit pas, parce qu'on peut travailler une heure, une demi-heure. La palette est toujours prête et ne sèche pas, tandis que la peinture à l'huile demande au moins trois heures de suite, et la palette une fois chargée est perdue, qu'elle serve ou ne serve pas.

Je répète ici, si vous voulez avoir un véritable talent, faites un choix, ne cherchez pas à exceller dans les deux; c'est trop difficile de changer sans cesse de palette, de pinceau, par conséquent de manière de peindre. Mais souvenez-vous que si vous adoptez la peinture à l'huile, il faut toujours continuer à faire vos esquisses à l'aquarelle pour avoir un clair-obscur franc et décidé.

Du reste, il est inutile de dire cela à Marie; élève consciencieuse de ma méthode, jamais il ne lui viendra une autre idée. Dès qu'elle a compris l'art de faire un tableau au fusain, l'art de le reproduire avec la couleur sans changer le clair-obscur, sans changer la disposition de la lumière, elle est née avec l'intelligence de la composition et de la couleur. Elle deviendra peintre, je n'en doute pas.

Je lui dirai seulement que rien n'est plus utile, lorsqu'on veut arriver à un véritable talent d'aquarelliste, que de faire des ébauches à l'huile.

Je vais donc lui donner les premiers principes de la manière de peindre à l'huile; avec ces principes, elle fera seulement des ébauches, si elle se décide à être aquarelliste. Si, au contraire, elle veut faire sérieusement de la peinture à l'huile, elle peut finir autant qu'elle le voudra avec cette manière; mais en y consacrant tout son temps, toute son adresse et toute son intelligence.

Une ébauche n'est pas une ébauche parce qu'elle est vite faite; à ce compte, la plus grande partie des Vélasquez, des Rubens, des Paul Véronèse et même des Raphaël serait des ébauches.

Mon profil fait par M. Ingres serait une ébauche; il l'a fait en une heure, et cependant c'est un de ses chefs-d'œuvre.

Le temps n'est rien dans une œuvre, il faut la science et l'inspiration.

Il faut donc travailler sérieusement, ne pas errer continuellement de la peinture à l'huile à la peinture à l'aquarelle, sinon vous ne ferez que des ébauches; le fini, l'habileté ne s'acquièrent que par une suite continuelle d'expériences dans la même voie, sur la même chose.

Ceci bien arrêté, revenons à la peinture à l'huile; je dis donc à Marie :

Il faut choisir de la toile fine, mais imprimée mate et non luisante.

Sur cette toile, tu dessineras à l'encre ce que tu veux peindre.

Pour peindre, il faut acheter des pinceaux et des brosses : des pinceaux pointus et plats, des brosses pointues et plates, deux ou trois blaireaux, tout cela de différentes grosseurs.

Pour te familiariser avec ces pinceaux et la couleur à l'huile, tu peindras d'abord une tête en grisaille. De même que je t'ai familiarisée à laver avec un seul ton, il faut te familiariser à empâter avec un seul ton. Il faut que tu prennes l'habitude du chevalet et de l'appuie-main. Car ta toile est posée droite devant toi sur ton chevalet, et tu t'appuies sur un appuie-main pour te donner de la sûreté. En mettant quelquefois le bout de cet appuie-main sur ta toile ou sur ton chevalet, tu peux te donner moins de fatigue. Prendre bien sa pose est déjà une étude, mais une étude que l'expérience seule donne ; de même que le maniement des pinceaux, leur choix approprié à son adresse naturelle, est encore une étude et une expérience.

Ai-je besoin de te dire que pour dessiner les traits tu prends un pinceau pointu; pour modeler, un pinceau plat ?

Tes traits étant dessinés à l'encre, tu passeras sur toute ta toile de la terre de Sienne brûlée, mêlée avec de l'huile grasse; car il est difficile d'apprendre à modeler sur une toile blanche.

Cette préparation bien séchée, tu fais tes tons de grisaille d'après une tête gravée ou une bosse; la demi-teinte , l'ombre de reflet et l'ombre portée, et le blanc pur pour la lumière.

Avec ces quatre tons, tu peux apprendre à modeler en peignant.

Tu t'y prends comme je vais te l'indiquer :

Tu passes sur toute la figure le ton de demi-teinte, en la mettant légèrement à l'endroit des traits.

Tu prends le ton d'ombre le plus clair, et tu attaques les masses d'ombre ; tu prends ensuite le blanc, et tu attaques la lumière en laissant la demi-teinte où elle doit rester.

Tu dessines tes traits dans la pâte. Mais le difficile,

c'est de lier tout cela ensemble avec une brosse plate, toujours dans le sens du dessin et du modelé.

Lorsqu'en modelant tu as lié la lumière avec la demi-teinte, tu remets du blanc pur sur tes grandes lumières et tu adoucis encore cette lumière sur les bords avec ta brosse plate.

De même, tu remets plus de vigueur dans les ombres que tu as atténuées en modelant ; et enfin, tout à fait en dernier, tu poses tes ombres vigoureuses sous le nez, dans le coin du nez et de l'œil.

Tu mets de suite toute ta demi-teinte sur la chevelure, tu poses juste ta lumière, et tu accuses tes ombres.

Tu vois, ma chère Marie, que l'étude de l'ombre, de la demi-teinte et de la lumière que tu as faite premièrement avec le fusain, secondement avec le lavis, te devient bien précieuse aujourd'hui.

Tu sais modeler. Ce n'est pour toi qu'un changement de matière. C'est ton adresse seule que tu as à exercer.

En un mot, tu connais l'art de modeler; il faut t'exercer à rendre ta pensée par un nouveau métier.

Je te laisse donc manier la couleur à l'huile avec la grisaille avant de te parler de la couleur.

Tu as dû voir, par la différence de procédés que j'ai mise entre les cheveux et la figure, qu'il était également bien de mettre les lumières les premières sur la demi-teinte ou bien de commencer par attaquer les ombres.

En commençant par la lumière, on suit tout à fait

la donnée du fusain et du lavis qui commence par montrer la demi-teinte et la lumière.

Il faut chercher ce qu'on trouve le plus facile, et faire et refaire jusqu'à ce qu'on ait réussi, sans se décourager; car si la première chose est supportable, elle est très-bien; si elle est mal, c'est tout naturel, c'est l'ordinaire.

Pour les draperies, pour les meubles, pour les poteries, la demi-teinte sur tout l'objet, même répétition ; la lumière posée bien juste et les ombres ensuite.

Fais donc hardiment de la grisaille et un tableau entier; *barbote* dans tout cela, ne cherche pas à faire une chose finie, mais une ébauche; et c'est d'ébauche en ébauche que tu acquerras l'art de finir.

M. É. C.

LETTRE DIX-NEUVIÈME.

SUITE DE LA PEINTURE A L'HUILE. — DES COULEURS COLORÉES.

De la couleur à l'huile sans couleur, passons à la couleur colorée.

La toile se prépare toujours avec de la terre de Sienne, dès que le dessin est tracé à l'encre.

Lorsque le dessin sera bien sec, tu passeras sur toute la toile une couche de terre de Sienne brûlée avec de l'huile grasse, et tu la laisseras aussi bien sécher.

Ne crois pas que cette préparation fait repousser la couleur et la rend noire avec le temps. Non. Les tableaux que j'ai ébauchés il y a quinze ans avec ce procédé sont devenus plus vigoureux, mais ne sont pas noirs.

Du reste, ce sont des tableaux non terminés de Rubens et de Greuze qui m'ont fait découvrir les procédés que j'ai employés et que je vais te transmettre.

Prenons les chairs pour commencer. Ce ton bleu de demi-teinte que tu fais avec de l'indigo à l'aquarelle, tu le fais à l'huile avec du blanc, du bleu de cobalt et un peu de noir d'ivoire plus ou moins foncé, suivant que la chair est blonde ou brune; enfin tu cherches le ton de la demi-teinte de la carnation que tu copies.

La demi-teinte trouvée, tu la passes sur toute la partie que tu veux peindre dans ta séance. Prenons une tête. A l'endroit du trait, tu la mets plus mince, afin de ne pas le perdre tout à fait.

Alors tu prendras, comme à l'aquarelle, de la terre de Sienne et du jaune de Naples, et tu attaqueras par-dessus ta demi-teinte toutes tes parties d'ombre très-franchement. Le jaune brillant et l'ocre jaune s'emploient aussi avec la terre de Sienne brûlée, suivant que les ombres sont plus chaudes ou plus vertes. C'est à essayer, à expérimenter comme tu l'as fait à l'aquarelle.

Tu dessines tes traits toujours dans la pâte avec du brun rouge et du bleu de cobalt. Ceci posé, tu as un ton de chair rose que tu mets sur la demi-teinte du côté de la lumière, mais en laissant entre cette lumière rose et le ton de l'ombre une petite demi-teinte.

Tu vois que tu suis tes principes d'aquarelle.

Avec une brosse plate, tu modèles ces tons comme tu as modelé tes tons gris, toujours dans le sens de la forme.

Quelquefois on peut se servir légèrement de petits blaireaux; mais il faut les craindre s'ils amènent à faire mou et rond. C'est pourquoi je préfère le pinceau et la brosse plate.

C'est à présent que nous posons la grande lumière de la chair. Elle se fait avec du blanc et de l'ocre jaune, et, en la liant habilement avec le ton rose, on modèle admirablement, et on trouve des tons de chair vivante comme ceux de Rubens et de Greuze.

Le rose des lèvres et des joues s'accusent tout à fait à la fin, ainsi que les grandes vigueurs sous le nez et dans les yeux; elles se font avec des laques et de l'ocre jaune. Tu poses la demi-teinte de tes cheveux sur toute la chevelure, puis tu accuses l'ombre et la lumière : absolument les mêmes tons qu'à l'aquarelle.

Tu les connais donc, tu as assez manié la brosse en peignant des cheveux en grisaille pour avoir compris combien le coup de brosse dans le sens de la tête ou de la boucle est important, combien la naissance des cheveux au front demande de délicatesse.

Lorsque ta tête est coiffée, tu reviens dessiner les traits, qui rentrent toujours en dedans; et voilà pourquoi, avec cette manière de peindre, on fait ferme et suave en même temps.

Pour tout ce que tu veux peindre, même système : étaler toujours la demi-teinte sur toute la partie que tu veux peindre. Ces demi-teintes sont les mêmes que celles à l'aquarelle, toujours les contraires à la lumière; tu les sais aussi bien que moi, connaissant toutes les valeurs des tons.

Pour les objets et les personnages dans le fond, l'aquarelle aussi t'enseigne qu'il faut mettre du noir d'ivoire dans le blanc que tu emploies. Ainsi, plus de blanc sur ta palette dès que tu attaques tes fonds, des tons gris gradués remplaçant le blanc et se mêlant avec toutes les couleurs.

Plus les choses sont éloignées, plus tu forceras le ton gris.

Ainsi, comprends bien. Tu peins avec les mêmes couleurs que dans la lumière, tu mets la même lumière; seulement, à mesure que les choses s'éloignent, ton blanc lumineux devient de plus en plus gris.

Ce blanc gris, c'est l'ombre, c'est l'atmosphère qui devient plus épaisse entre les personnages et toi à mesure que tu multiplies les plans de ton tableau.

Comprends-tu comme les grisailles que tu as faites te servent?

Léonard de Vinci et Prudhon ont quelquefois laissé leurs grisailles sécher, et ils ont peint par glacis; mais je ne connais pas ce système.

Seulement tu vois que les coloristes ne craignent pas le gris, car l'*Endymion* du Corrége se copie admirablement de cette manière.

Il est curieux, n'est-ce pas, de mettre tant de gris dans une peinture blonde et dorée comme celle que je cherche à faire? Eh bien, cependant le secret de faire blond et doré dans les fonds, c'est d'employer le gris sous les ombres et sous les lumières.

Pour les fonds d'appartement, même procédé; jamais une muraille blanche n'est blanche dans le fond, dans la lumière du blanc. Si vous avez une pierre sur le devant du tableau, alors elle est blanche.

De même, les nuages les plus brillants ne sont jamais blancs. Mais les aquarelles que tu as faites premièrement et les grisailles que tu as peintes ensuite t'ont donné toutes ces leçons.

Si tu as des profondeurs noires, tu sais encore que c'est le brun rouge et le bleu de cobalt ou bien l'indigo que tu emploies; que le jaune de Naples et le noir d'ivoire font merveille mêlés ensemble.

Souviens-toi que les laques crues, si foncées qu'elles soient, viennent toujours en avant. Les couleurs transparentes ne fuient qu'en glacis sur des gris.

La peinture sur ivoire, sur faïence, sur porcelaine, peut toujours marcher de front avec l'aquarelle. Il faut seulement prendre quelques leçons des premiers artistes en ce genre pour apprendre le métier; mais il ne faut rien changer à ces principes de couleurs.

Tu apprendras avec plaisir que mes deux grandes aquarelles, le *Tournoi* et la *Convalescence de Louis XIII enfant*, sont placées au musée du Luxembourg.

C'est là que tu trouveras la vérité de ce que je t'enseigne pour faire passer les personnages dans l'ombre et reculer les fonds.

M. É. C.

LETTRE VINGTIÈME.

DES FEMMES SÉRIEUSES. — DES FEMMES LÉGÈRES.

Encore un mot, ma chère Julie, avant de terminer cette correspondance, qui m'a bien coûté quelque peine, et que je ne cesse cependant qu'avec un certain regret, car le travail entrepris pour des amis a un charme qui devient attachant. Mais que dirais-je de plus? D'ailleurs je me suis créé des occupations qui prennent tous mes loisirs; et, tu le sais, je ne suis pas écrivain; je n'aime même pas cet art dans la femme, qui n'a nul intérêt à publier ses pensées et ses sentiments, qui doit au contraire renfermer précieusement sa vie dans ce mystère de l'intimité pour lequel elle est née. Je n'ai fait ces lettres que par un effort d'amitié pour toi et tes chères filles. La publicité qu'elles ont reçue m'a bien un peu gênée. Il m'est arrivé des félicitations qui m'ont flattée sans doute (car elles venaient d'artistes que j'admire), mais qui m'auraient été plutôt pénibles qu'agréables si je n'avais pas pu croire qu'elles s'adressaient surtout au peintre, et je ne suis pas autre chose.

On l'a bien vu du reste sans que je le dise. Je veux me rappeler que je n'ai pris la plume que pour m'excuser de l'avoir prise, et pour demander pardon de ma complète ignorance de l'art d'écrire. Me suis-je exprimée clairement? C'est tout ce que je désire. Qu'on dise que ma méthode n'a rien de méthodique, que ma pensée va à l'aventure, que je reviens souvent sur les mêmes idées, comme on le fait en causant ou en enseignant, on ne me blessera pas. Au contraire, on me jugera telle que je suis, telle que j'ai voulu me montrer. J'aurais pu travailler mes lettres avec plus de soin, ou recourir à une plume exercée pour me faire une réputation usurpée. Pourquoi l'aurais-je fait? Mes élèves en auraient-elles été mieux enseignées? En aurais-je peint de meilleurs tableaux? C'eût été poursuivre un but qui n'est pas le mien.

J'aime la peinture avant tout. Je l'aime plus que la musique, parce qu'elle permet à la femme de rester chez elle, parce qu'elle n'a pas besoin d'un public et d'un théâtre. Il faut à la femme musicienne un peu de l'audace de la comédienne; il faut qu'elle paye de sa personne comme l'actrice. Avec la peinture, au contraire, nous pouvons toujours ne pas sortir de cette modestie qui est une des vertus et un des charmes de notre sexe.

Cependant il ne faudrait pas abuser de ce mot modestie comme on abuse du mot égalité. On a une tendance, dans un certain monde, à vouloir que la femme ne soit rien autre chose qu'une poupée qui plaise à son mari, et qui représente une maman pour ses enfants. Je ne l'entends pas ainsi. Je lui veux un rôle plus utile, plus digne d'elle, plus respectable. La femme doit être la compagne intelligente de l'homme, c'est-à-dire son associée dans les luttes souvent si pénibles de la vie, son soutien, sa conseillère, son consolateur. Elle doit être pour ses enfants non pas une idole bien parée qu'ils viennent embrasser soir et matin, non pas une boîte à dragées, mais une gardienne vigilante et un médecin attentif, le professeur de tout ce qui s'apprend au foyer domestique. Je la veux pareille au jardinier qui élève un arbuste rare, le préservant des gelées ou des ardeurs du soleil, l'émondant, l'échenillant, le redressant, et lui donnant enfin toute la santé et toute la beauté qu'il peut acquérir.

Je veux plus; je veux qu'elle ait l'orgueil de cette noble mission sur la terre. Comment une femme oisive et inutile se respecterait-elle et serait-elle respectée? Et qui oserait ne pas respecter la femme et la mère telle que je la décris?

C'est là un orgueil bien entendu. Ce n'est pas ce défaut qui a perdu les mauvais anges, ce sentiment exagéré de ce qu'on vaut, qui fait qu'on s'impose et qu'on veut dominer, erreur tôt ou tard punie, qui cause tant de fautes, de déceptions et de maux. Mais c'est cette vertu sans affectation qui vous donne la volonté et le courage de valoir quelque chose, d'être utile pour votre part et au delà si c'est possible; cette force calme et cette conscience sereine devant lesquelles les plus hardis s'arrêtent. Respectons-nous nous-mêmes, et la fadaise ne viendra même pas bourdonner à nos oreilles.

On dit généralement : « Les femmes sont légères. »

On devrait se borner à dire : « Il y a des femmes légères. » Que de femmes, que de mères de famille pourraient à ce mot sourire de pitié!

Il faut encore s'entendre sur ce mot de légèreté qu'on nous jette à la face.

Si une jeune et jòlie personne entre avec grâce dans un salon, parée de sa beauté naturelle et de tout ce que la mode sait y ajouter; si elle s'assied en souriant et échange gaiement avec celles qui l'entourent ces mille petits riens qui forment le fond des conversations du monde; si, au premier coup d'archet, elle s'envole comme un oiseau et tournoie au bras d'un cavalier avec cette expression de plaisir qui sied si bien à la jeunesse, sans laquelle on peut dire qu'il n'y a pas de jeunesse, vous vous écriez : « C'est une femme légère! »

Vous êtes bien léger vous-même. Légère. Qu'en savez-vous?

Elle est dans le monde ce qu'elle doit être, naturelle, gracieuse, élégante, femme en un mot.

Mais le lendemain du bal, pénétrez dans son intérieur et venez vous asseoir à son foyer. Vous la verrez debout de bonne heure, ayant déjà fait disparaître les fleurs de la veille et donné les premiers soins à ses beaux enfants. Elle vous reçoit dans une toilette propre et simple comme l'appartement qu'elle habite. Parlez de choses sérieuses, elle vous écoute avec attention, et vous n'êtes pas peu surpris du bon sens de ses réponses. Ce n'est pas assez peut-être pour vous faire rougir de votre préjugé? Eh bien, regardez autour de vous; ne voyez-vous pas là-bas, auprès de la fenêtre, une palette et des pinceaux ? Cette aquarelle est notre ouvrage. Un amateur l'a achetée, et elle a servi à payer notre toilette de la veille, car nous ne sommes pas bien riche. Cette autre donnera à notre mari un joli poney qu'il regrette de ne pouvoir acheter. Quant à ce pastel, il enrichira une loterie au profit des pauvres mères de l'arrondissement.

Je ne dis pas tout, car je ne veux pas être accusée de vanter mon sexe et de solliciter pour lui des prix Montyon. Mais que de souffrances cruelles supportées sans plainte, et le visage riant, je pourrais citer! Que de longs dévouements inconnus sans autre perspective que l'ingratitude! Ah! les femmes sont légères!

Gardons-nous cependant, ma chère Julie, de trop présumer de nous-mêmes, mais sachons être ce que nous pouvons être, et tenir notre rang. Les hommes ne nous aiment véritablement que pour ce que nous valons. On a écrit un livre puéril sur l'art de plaire, on n'a pas songé à l'art de se faire aimer. S'il arrivait que je ne puisse plus m'occuper de peinture, je publierais quelques lettres sur ce sujet.

Aujourd'hui je me décide à publier la troisième partie de cet ouvrage sous le titre : *La femme aujourd'hui, la femme autrefois.* — C'est le résumé de ma pensée sur la nécessité de s'occuper de la femme.

MARIE-ÉLISABETH CAVÉ.

COULEURS DE LA PALETTE.

Ces couleurs peuvent être prises dans des tubes de plomb, ainsi que l'on prépare les couleurs à l'huile. De cette manière elles ne sèchent pas, et on peut les appliquer sur le papier aussi claires et aussi épaisses qu'on le désire.

L'inconvénient des pastilles est qu'elles se décollent ; si on a le malheur de laisser tomber sa palette, elles se cassent, parce qu'elles se sèchent au point de perdre leur transparence.

Il est bien entendu que si on trouve un ton extraordinaire qui ne soit pas inscrit ici, il faut le prendre, parce que la richesse de la palette ne nuit pas lorsqu'on a une grande habitude de ces premières couleurs indispensables.

Il faut d'abord se familiariser avec celles-ci et se méfier des autres pour les chairs.

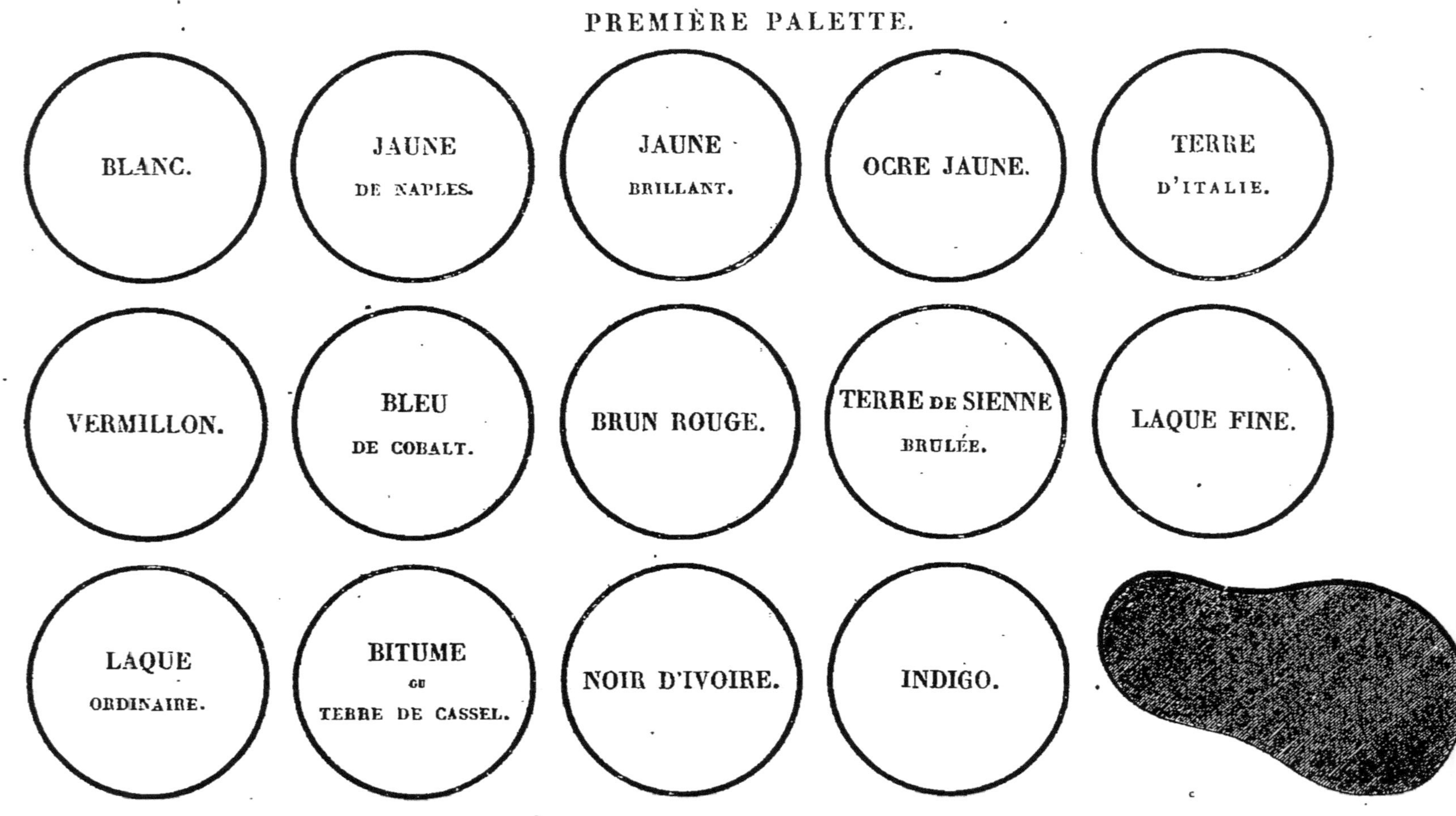
PREMIÈRE PALETTE.
BLANC.
JAUNE DE NAPLES.
JAUNE BRILLANT.
OCRE JAUNE.
TERRE D'ITALIE.
VERMILLON.
BLEU DE COBALT.
BRUN ROUGE.
TERRE DE SIENNE BRULÉE.
LAQUE FINE.
LAQUE ORDINAIRE.
BITUME OU TERRE DE CASSEL.
NOIR D'IVOIRE.
INDIGO.

DEUXIÈME PALETTE.

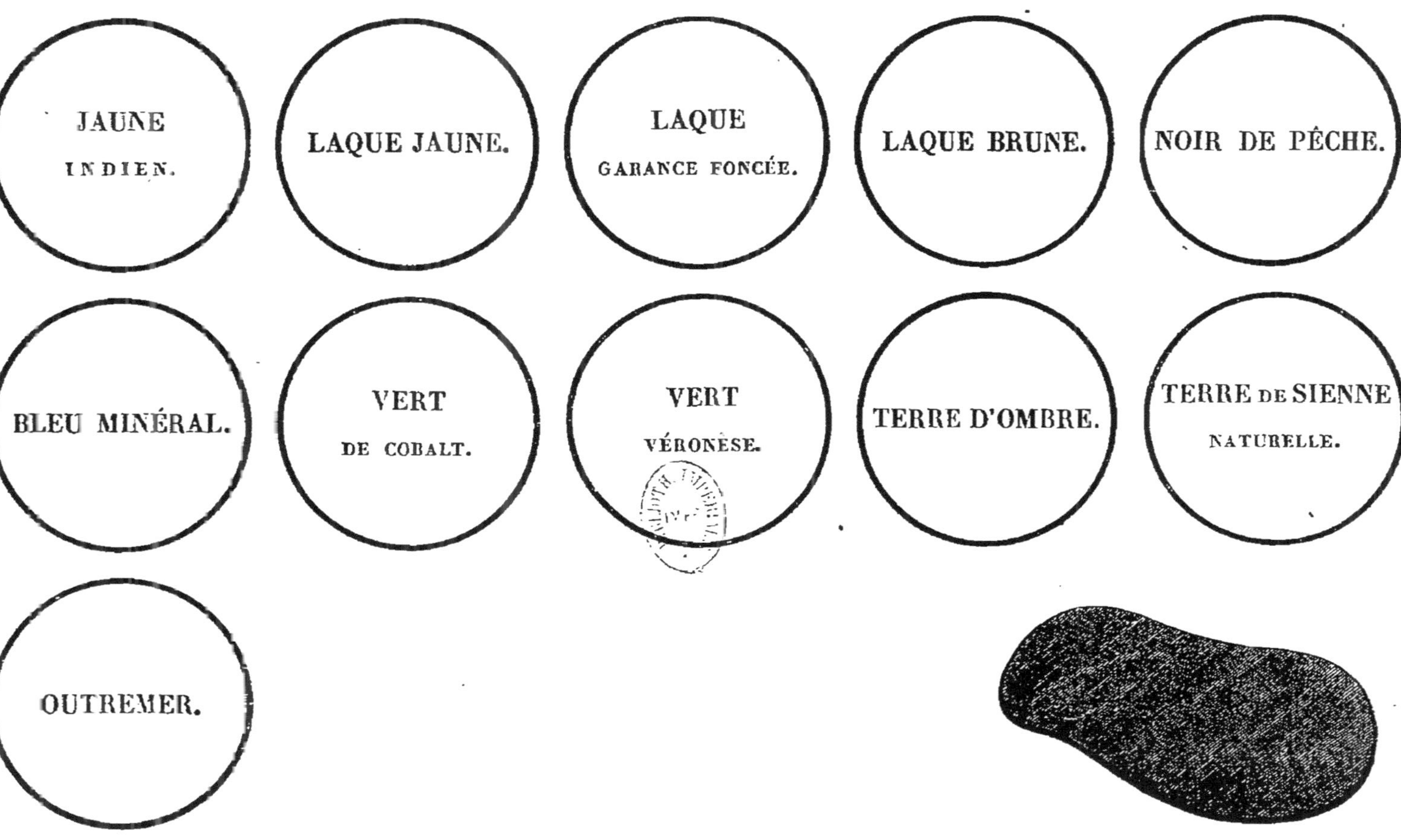

TABLE.

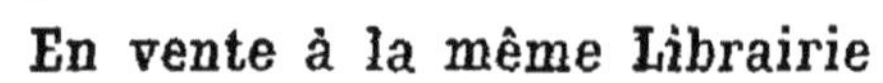

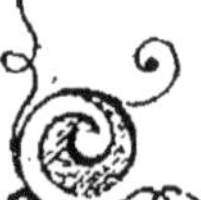

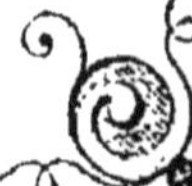

www.ingramcontent.com/pod-product-compliance
Ingram Content Group UK Ltd.
Pitfield, Milton Keynes, MK11 3LW, UK
UKHW020254250726
13967UKWH00004B/1681